카도쉬 아카데미와 함께 하는

기독교
세계관

김민호 지음

World view

유튜브
"카도쉬TV"
강의 영상
QR 포함

우리의 신앙은 전제의 싸움이다!

바른 신앙의 전제를 세우기 위한 기독교 세계관 안내서

리바이벌
북스

카도쉬 아카데미와 함께 하는

기독교 세계관

발행 초판 1쇄 2022년 2월 24일
　　　2쇄 2022년 3월 18일
　　　3쇄 2022년 3월 28일
　　　4쇄 2023년 7월 13일
　　　5쇄 2024년 7월 10일
　　　6쇄 2024년 8월 26일
　　　7쇄 2024년 12월 31일

지은이 김민호
펴낸이 박준우
펴낸곳 리바이벌북스
디자인 리폼드미니스트리·디자인별
판권 ⓒ리바이벌북스
주소 경기도 의정부시 승지로 4, 4층
전화 070-8861-7355
www.revival153.com
E-mail revivalbooks@naver.com
홈페이지 www.revival153.com
ISBN 979-11-967181-9-0 (03230)
등록 제2015-000012호 (2015.03.27.)

카도쉬 아카데미와 함께 하는

기독교 세계관

김민호 지음

리바이벌북스

목차

카도쉬 아카데미와 함께 하는

기독교 세계관

김민호 지음

리바이벌북스

한반도 복음화 100년을 지나며

기독교가 한반도 땅에 발을 디딘 지 100년이라는 시간을 훌쩍 넘겼습니다. 이 기간 동안 기독교는 오순절 성령 강림과 비견되는 놀라운 부흥과 일본 제국주의의 지배라는 35년의 바벨론 포로생활과 6.25 동란이라는 혹독한 동족상잔同族相殘의 비극을 맛보았습니다. 이런 비참한 역사 속에서도 기독교는 강력한 생명력으로 전쟁의 폐허로 주저앉은 대한민국을 일으키는 중추적 역할을 하는 종교가 됐습니다.

그럼에도 불구하고 대한민국 기독교는 결코 짧지 않은 이 기간 동안 서구 기독교에 비해 사회 전 영역에 끼친 영향력이 너무 미약했습니다. 종교개혁 이후 서구 기독교는 유럽의 전 영역에 도덕성 문제뿐 아니라 정치와 경제와 사회와 문화에 거의 혁명적 수준의 영향력을 끼쳤습니다. 종교개혁 이후의 서구 사회는 그 이전과는 완전히 다른 세상이 되고 말았습니다. 소수의 사람들에 의해 착취와 억압이 가득했던 봉건 사회가 기회와 자유의 사회가 되었습니다. 전체주의적 정치에서 자유민주주의 정치로 발걸음을 옮기기 시작했습니다. 여성과 아이들과 개인의 인권이 존중되었습니다. 문맹률이 상상할 수 없을 정도로 떨어지고 전 국민적 빈곤이 점차 사라졌습니다. 이 놀라운 변화는 우연이 아니었습니다. 그 이면에는 칼빈Calvin과 루터Luther로 대표되는 기독교 세계관이 중추적 역할을 했습니다. 이런 사실은 칼빈과 루터를 이해하지 못하면 유럽을 이해할 수 없다는 말속에서 쉽게 알 수 있습니다.

어른아이가 된 한국교회

이런 차원에서 작금의 한국교회를 다시 돌아보게 됩니다. 한국교회는 전 세계에 유래를 찾을 수 없을 정도로 많은 사람들이 기독교인이 되는 기적이 일어났습니다. 한때 한국 인구의 1/4이 기독교인이라 했습니다. 그러나 이렇게 많은 사람들이 기독교인이 됐지만 과연 무엇이 달라졌는지 질문을 던지지 않을 수 없습니다. 이 많은 사람들 가운데 세상과 구별된 사람들은 찾아보기 힘듭니다. 정치와 경제와 사회와 학계에 무수히 많은 기독교인들이 있다고 하지만 눈에 뜨이는 영향력은 찾아보기 힘듭니다. 아니, 선한 영향력보다는 사회적 비리와 범죄에 기독교인의 연루가 드러나곤 합니다. 오늘날 기독교의 초라한 성적표를 보면서 우리는 무엇이 문제인지 심각하게 고민하게 됩니다. 그것은 바로 기독교인으로서 가져야 할 세계관의 부재입니다.

덩치는 커졌지만, 세계관이 부재한 기독교는 마치 몸은 성숙했지만, 여전히 초등학생의 정신세계 속에 살아가는 '어른아이'의 모습과 같습니다. 덩치는 크지만 세속에 아무 저항도 못하고 성숙하게 말하지도 못합니다. 어려운 상황 속에서도 어른스러운 행동을 할 줄 모릅니다. 이런 모습은 정치적 혼돈과 동성애, 교육의 문제, 이념적 문제 앞에서 아무 영향력을 끼치지 못하는 작금의 모습에서 적나라하게 나타납니다.

특히 지난 2년 동안 전 세계에 몰아쳤던 코로나19 상황에서 여실히 드러났습니다. 한국교회는 코로나19 상황 속에서 결코 진리의 기둥과 터로서 성숙한 모습을 보이지 못했습니다. 덩치는 세계에서 자랑할만한 수준이었지만 교회의 정신세계는 철없는 어린아이의 모습이었습니다. 방역을 명분으로 정부가 성경에도 없는 비대면 예배를 강제할 때, 대형교회 목사들과 몇몇 신학자들은 비대면 예배를 신학적으로 합리화하고 많은 교회가 예배를 포기하도록 만들었습니다. 이는 예배를 포기하지 않으려고 순교까지 불사했던 우리 신앙의 선배들 앞에 부끄러운 모습입니다. 그 결과 한국교회는 2년 동안 자그마치 1만 2,000 교회가 소멸되는 초유의 사태를 맞이하게 되었습니다. 교인의 수로 따지면 대략 130만이 넘는 사람들이 교회를 떠난 것입니다. 이것은 학살에 가까운 모습이었습니다.

세상을 해석하는 전제

이런 초유의 사태 속에서 우리 〈카도쉬 아카데미〉는 한국교회의 세계관 부재를 보게 됐습니다. 특히 젊은 세대를 깨우는 세계관 강좌가 필요함을 자각하며 세계관 강좌를 개설하게 되었습니다. 이 강좌는 많은 사람에게 매우 좋은 반응을 보였습니다. 그래서 세계관 교육을 필요로 하는 청장년부를 섬기는 교재로 출판하기로 결정했습니다.

이 책은 제가 매우 존경하는 코넬리우스 반틸^{Cornelius Van Til} 교수의 변증학적 관점과 프란시스 쉐퍼^{Francis A. Schaeffer}의 관점으로 접근하여 서술했습니다. 이 접근은 종교개혁자들이 당시 유럽을 개혁하는 논리학적 접근이기도 합니다.

이 책의 앞부분은 세상을 해석하는 전제를 설명하는 일에
비교적 많은 부분을 할애했습니다.
그다음에 전제에 대한 이해를 기초로 하여
기독교적 관점에서 보는 정치, 가정, 사회, 문화, 예술 등을
어떻게 볼 것인지 다루었습니다.

여기서 필자가 강조하고 싶은 점은 각론에 대한 기독교적 관점이 아닙니다. 이 각론을 이해하는 "전제"를 잘 숙지해야 한다는 사실입니다. 전제에 대한 이해가 충분히 이루어지지 않으면 각론에 대한 응용과 적용이 제대로 이루어지지 않게 됩니다.

아마도 이 책은 진리를 바르게 이해하고 삶의 전 영역에서 기독교적 삶을 살고자 고민하는 사람들에겐 큰 공감과 자극이 되리라 생각합니다. 왜냐하면 이 책은 필자가 청년시절부터 지금까지 삶의 전 영역에서 성경적 삶을 살고자 고민하고 몸부림친 결과이기 때문입니다. 분위기 좋은 공간에서 따뜻한 차를 마시면서 나온 결과물이 아닙니다. 비록 학문적으로는 부족한 점이 많지만 젊은

시절 온몸으로 부닥치며 불합리한 현실의 한파 속에서 진리를 찾으려 했던 고뇌의 산물입니다. 모쪼록 필자와 같이 진리를 찾고자 고뇌하는 여러 순례자들과 젊은이들에게 이 책이 조금이나마 유익이 될 수 있기를 바랍니다.

효과적인 교재 사용법

이 책은 QR코드와 연동되어 있습니다. 그러므로 책을 보시면서 이 강의를 영상으로 시청하기 원하시는 분들은 스마트폰으로 QR코드를 찍으시면 곧바로 카도쉬 아카데미의 공식 유튜브 채널인 〈카도쉬TV〉를 통하여 강의 영상을 시청하실 수 있습니다. 좀 더 깊이 있게 세계관 공부를 원하시는 분들은 각주에 나온 책을 더 읽으신다면 도움이 되실 것입니다. 그러나 무엇보다 기도를 통해 성령님의 도우심을 많이 구하시길 바랍니다. 우리가 진리의 길로 인도받기 위해서는 이성의 조명이 아니라 오로지 성령의 조명이 있어야 합니다. 이 점은 반드시 염두에 두어야 할 사항입니다.

감사의 인사

마지막으로 이 책이 나오기까지 헌신해주신 분들께 대한 감사로 이 책의 서문을 마무리하고자 합니다. 이 책이 나오기 전에 목회로 바쁜 상황 속에서도 기쁨으로 영상 촬영에 헌신해주신 카도쉬 아카데미 공동대표 이재욱 목사님께 깊은 감사를 드립니다. 그리고 산만한 강의를 일일이 들어가면서 글로 재탄생하도록 힘써주신 강희현 강도사님께 감사드립니다. 또한 부족한 강의를 책으로 만들기 위해 편집과 디자인으로 옷 입혀 주신 리바이벌북스 대표 박준우 목사님께 감사드립니다. 그리고 성교육을 비롯한 다양한 사역을 위해 여러 곳에서 헌신하시는 카도쉬 아카데미의 여러 가족들에게 사랑과 감사를 표현하고 싶습니다.

유난히 추운 1월 겨울의 아침 해를 바라보면서

김민호 목사

(회복의교회 담임, 카도쉬 아카데미 자문위원)

추천의 글

강웅산 교수 (총신대학교 신학대학원 조직신학 교수)

"오래 신앙생활을 한 것 같은데 삶이 변하지 않는 이유는
기존의 세계관을 두고 부분적으로 이렇게 저렇게 고치는
세계관 리폼을 반복하고 있기 때문이다."

　많은 목회자의 공통된 고민 중 하나가 교인들의 삶이 좀처럼 변하지 않는다는 것입니다. 교회를 오래 다녔고 성경공부도 많이 한 것 같은데도 말입니다. 그것은 세계관이 바뀌지 않았기 때문입니다. 사람의 사고와 행동을 지배하는 것은 한순간 귀에 들어오는 말이 아닙니다. 세상의 재미와 가치가 깊이 자리를 잡고 있는 사람은 교회를 오래 다녔고 성경공부를 하는 것 같아도 늘 자신과 오래 해온 세계관의 말을 듣습니다.

　세계관은 유행 지난 물건을 고쳐 쓰는 것처럼 리폼이나 레노베이션이 되는 것이 아닙니다. 사실 오래 신앙생활을 한 것 같은데 삶이 변하지 않는 이유는 기존의 세계관을 두고 부분적으로 이렇게 저렇게 고치는 세계관 리폼을 반복하고 있기 때문입니다. 답은 기존의 세계관을 무너뜨려야 합니다. 그리고 성경의 가

치와 원리로 완전히 새 세계관을 세워야만 합니다.

김민호 목사님의 『기독교 세계관』은 전면적인 세계관 공사를 시도하고 있습니다. 코넬리우스 반틸Cornelius Van Til의 말처럼 먼저 기존 세계관의 철거가 이루어져야 합니다. 그래서 성경적 세계관 세우기는 불편한 일입니다. 이제까지 나와 살아온 세계관이 틀렸다는 말에 불편합니다. 불편한 이유는 새 세계관에 대해 저항이 일어나기 때문입니다. 세계관 사이에 일대 전쟁이 일어납니다. 영적 전쟁입니다. 그 전쟁은 우리의 의식구조, 전제, 가치관, 정치, 경제, 사회, 가정, 교육, 문화, 예술, 노동 등 삶의 전 영역에서 일어나야 합니다. 성경적 세계관이 나를 불편하게 하지 않는다면 이미 나는 타협을 하고 있거나 그냥 부분 리폼 정도만 하기 때문일 것입니다. 저자는 그런 불편한 진실을 전달하는 불편한 사명을 감당하고 있습니다.

앞으로 살아야 할 시간이 훨씬 더 많이 남아있는 21세기는 이제까지 우리가 알고 있던 20세기와는 전혀 다른 양상으로 진행되고 있습니다. 우리가 치러야 하는 전쟁은 안 보이기 때문에 영적 영역이 아니라 전방위로 일어나고 있는 영적 전쟁입니다. 저자는 이 점을 목회자로서 책임 있게 직시하며 성도들을 지키기 위한 전쟁에 임하고 있습니다. 세계관이란 제목을 붙일 때 이미 전쟁을 선언한 것입니다. 이 책을 접하는 모든 독자들이 자신들이 감당해야 할 영적 전쟁에서 반드시 승리를 거두는 삶이 되기를 기도하며 김민호 목사님과 회복의교회 성도님들께 축하와 박수를 보냅니다.

추천의 글

김동진 목사 (일산하나교회 담임)

"이 책은 우리의 존재와 인식에 대한
수많은 궁금증을 시원하게 풀어줄 좋은 참고서다."

　카도쉬 아카데미에서 진행한 김민호 목사님의 기독교 세계관 강의를 현장에서 직접 청강하게 된 것은 개인적으로 큰 영광의 시간이었습니다. 가뭄의 단비와도 같이 김민호 목사님의 기독교 세계관 강의는 현장에 있던 젊은이들에게 올바른 성경적 관점을 제시하였고 기독교의 우월성을 증명하기에 충분한 강의였습니다. 개인적으로도 강의가 진행되는 몇 주간 새로운 지평을 여는 기쁨이 있었고, 내면이 살찌는 참 행복감을 누렸던 것으로 기억합니다.

　특별히 이번에 이 귀한 강의가 책으로 출간하여 더 많은 사람들에게 전달되고 소장할 수 있게 되었다는 소식에 이를 추진하신 분들께 개인적으로 깊은 감사의 마음을 숨길 수 없었습니다. 그리고 다음 세대가 보기에 적합하도록 책이 제작되었다는 것에 한줄기 희망을 보게 되는 것 같습니다. 성경적 가정을 꿈꾸는 부모나 깨어있는 교회의 목회자들은 이제 마음만 있으면 올바른 가치관을 자녀들에게 심어줄 수 있는 좋은 지도서를 얻게 된 것이라 생각합니다.

추천의 글

김상윤 목사 (계룡 나눔의교회, 칼빈대학교 겸임교수)

"하나님의 절대 주권에 의한 삶을
추구하고 소망하기에 큰 도움이 될 책이다."

먼저 추천사를 쓴다는 것이 혹시 김민호 목사님의 열정에 누가 되지 않을까라는 마음이 앞서 조심스럽습니다. 왜냐하면 기독인으로서 당연한 삶의 사고와 성경에 근거한 기독교 세계관이 점점 엷어지고 상상이 현실로 나타나는 산업혁명 시대의 사회 변화에 더욱 민감하고 관심이 고조되는 요즈음 김민호 목사님의 안타까움과 목회자로서의 깊은 고민을 느낄 수 있기에 더욱 그렇습니다.

그리스도인으로서 삶의 근거는 당연히 성경에 근거한 하나님의 통치를 최우선적으로 인식하며 살아야 할 것입니다. 하지만 빠르게 다가오는 산업혁명에 자신의 삶이 뒤 떨어지기라도 하듯 생각도 없이 쫓아가며, 비판의 여유도 없이 적극적으로 수용하다 보니 가장 중요한 그리스도인으로서의 정체성을 잃고 과학과 이성이 하나님보다 우선하는 인본주의에 빠지기 쉬운 현실 앞에 김민호 목사님의 염려는 큰 위안이 됩니다. 이 책이 이 시대에 그리스도인들에게 하나님이 창조주 되시며 섭리하시는 절대 주권에 의한 삶을 추구하고 소망하기에 큰 도움이 될 것이라 생각하여 적극 추천합니다.

추천의 글

김성원 대표 (Ground C 대표)

"오랜 시간 신앙의 정도를 추구해온 필자의 삶과 고뇌,
그리고 목회적 경험이 군데군데 녹아져 있다."

모바일과 메타버스 시대를 살아가는 우리의 눈엔 온갖 정보, 지식, 해석이 쉴 새 없이 끼어들어 중심을 잡는 것이 쉽지 않습니다. 잠시라도 정신을 놓고 있으면, 내가 어떤 정보를 받아들이고 정리하고 있는지, 또한 어떤 전제로 세상을 해석하고 있는지 제대로 반추하기도 버거운 시대입니다.

10년 전만 해도 생소했던 남녀 갈등이 일상화되고 있고, 젠더 이데올로기와 인본주의는 교육현장을 거의 다 잠식했으며, 청소년 자살률은 줄어들 기미가 보이지 않고 있고, 대한민국의 공화주의 정신과 법치는 빠르게 타락하고 있습니다. 세상은 해답을 원하고 있고 교회는 이에 응할 의무가 있으나 우리가 내놓는 해답은 대한민국 각 영역에 큰 영향을 미치고 있지는 못하는 듯합니다.

그런 의미에서 『기독교 세계관』은 대단히 큰 의미가 있습니다. 본서는 철학, 문화, 예술, 정치, 경제, 가정 등 하나님의 통치를 받아야 하는 영역을 어떤 전제로 바라보고 해설할 것인가? 에 대한 근본적인 답을 제시하고 있습니다. 이 책은 독자들이 난제를 만날 때마다 친절한 길잡이가 되어줄 것입니다.

추천의 글

류현모 교수 (서울대학교 치의학대학원 교수)

"이 책을 통해 모든 기독교인들이
기독교 세계관의 중요한 전제들을 이해할 수 있기를 소망한다."

기독교 세계관의 고전으로 일컫는『기독교 세계관과 현대사상, The universe next door』을 집필한 제임스 사이어는 세계관을 세계의 기본 구성에 대하여 한 개인이 가지고 있는 모든 전제들의 집합이라고 정의하였습니다. 김민호 목사님은 이 책을 통해 이러한 전제의 중요성과 전제들을 설명하는 용어의 중요성을 강조하며 기독교 세계관의 기본 개념을 명확하게 설명합니다.

포스트모더니즘을 주도한 인문학자들은 단어의 뜻을 묘하게 비틀어서 자신들의 세계관을 대중들이 받아들이도록 만드는 언어 구성의 마술사들입니다. 그들은 창세기 3장에서 뱀이 하나님께서 하신 말씀을 살짝 비틀어서 하와를 속이는 것과 같은 전략을 취하고 있습니다. 그런 의미에서 그들이 비틀어 놓은 혼란스러운 그 용어들의 원래 의미를 분명하게 밝혀나가는 일은 뒤틀린 것을 회복시키는 의미를 가집니다.

세계관을 나누는 가장 큰 기준은 보이지 않는 초자연적이고 절대적인 존재에

대한 인정 여부입니다. 그 절대자가 제시하신 선악의 기준, 진리의 기준, 구원의
기준, 정의의 기준들을 인정하느냐 아니면 자기 소견에 옳다고 생각하는 대로
그 기준을 설정하느냐가 가장 큰 세계관의 차이일 것입니다.

기독교 세계관은 이 모든 기준을 삼위일체 하나님이 계시한 성경에 의지하기
때문에 흔들리지 않는 일관성이 있습니다. 반면에 자기 소견을 따라 그 기준들
을 옮기기 시작한 사람들의 삶은 결국 자기모순, 그리고 서로 다른 기준으로 인
한 이웃과의 끝없는 분쟁으로 불안정과 혼란이 있을 뿐입니다.

저자는 카도쉬 아카데미에서 강의했던 동영상을 QR 코드를 통해 바로 접속
할 수 있도록 책 속에 제공하였습니다. 책을 읽는 것만으로 이해가 어렵거나 읽
어나가기 힘들 때에 돌파할 수 있는 좋은 장치를 함께 제공한 것으로 출판문화
를 선도하는 새로운 시도가 될 것으로 생각됩니다. 이 책을 통해 모든 기독교인
들이 기독교 세계관의 중요한 전제들을 바로 이해하여 거짓 기준을 제시하는
세속적 이론을 무너뜨릴 진리의 기준을 명확히 할 수 있기를 소망합니다.

추천의 글

이상원 교수 (카도쉬 아카데미 고문)

"MZN세대와 공감하면서도
유아론적인 작은 영역으로부터 이끌어내는
길잡이가 될 책이다."

최근 한국 사회구조 변동의 최대 화두로 떠오르고 있는 MZN세대(1980년부터 2000년까지 태어난 밀레니얼 세대인 M, 1990년대 중반에서 2000년대 중반까지 태어난 Z, 그리고 나노사회인 N)의 특이한 행동을 이해하기 위한 발원지는 이들의 세계관입니다. 이들은 자기 취향을 최고의 규범적 가치로 둔, 극히 개인적이고 주관적인 세계관의 울타리 안에서 자기만의 세계를 형성하고 삶의 의미를 찾고 만족하면서 살아가려고 합니다.

MZN세대가 세계관에 천착하고 있다는 사실은 삶의 진리의 중요한 한 부분에 대하여 눈을 떴다는 긍정적인 신호입니다. 그러나 문제는 이들의 세계관의 내용에 있습니다. 초월의 차원과 사회적 연대성의 차원을 모두 거절하고 유아론적인 개인적인 취향 중심의 작은 세계 안에 갇힌 MZN세대는 무신론적인 유물론에 함몰될 우려가 있으며, 관료집단에 쉽게 장악될 위험을 가집니다. 따라서 이 세대와 사랑 어린 애정을 가지고 소통하면서 이들을 유아론적인 밀폐된 공간으로부터 보다 넓은 세계로 인도하여 내는 것이 필요합니다.

이런 시점에서 이 역할을 담당하는 도구로 사용될 수 있는 기독교 세계관에 관한 좋은 책이 출간된 것을 기쁘게 생각합니다. 세계관을 접촉점으로 하여 MZN세대를 대화의 장으로 끌어내어 이들과 소통하면서 이들의 관심과 문제의식을 공유하는 것이 필요합니다. 이와 동시에 세계관은 유아론적으로 개인의 취향의 차원에 머물러서는 안 되고, 가정, 교회, 사회, 정치, 국가의 영역까지 포함할 수 있어야 하며, 이 세상에서의 삶뿐만 아니라 이 세상에서의 삶보다 더 넓고 고상하고 영광스러운 초월의 차원에까지 확장되어야 할 웅장한 스케일을 가져야 함을 설득할 수 있어야 합니다.

본서는 세계관의 중요성을 강조하면서도 세계관을 삶의 모든 영역과 관련시켜서 그 의미를 밝히고자 노력하고 있는 바, 이와 같은 본서의 기획은 MZN세대와 공감하면서도 유아론적인 작은 영역으로부터 이끌어내는 길잡이가 될 수 있는 것으로 기대합니다.

추천의 글

이재욱 목사 (카도쉬 아카데미 공동대표)

"지금까지 들었던 어떤 세계관 강의보다 실제적이며,
삶의 변화를 주는 탁월함이 있다."

세계관이 변화되면 사람이 변화됩니다. 저는 이것을 아주 가까이서 목격했습니다. 김민호 목사님의 기독교 세계관이 책으로 나오기 2년 전, 책의 내용들은 먼저 영상을 통해 세상에 나왔습니다. 김민호 목사님이 세계관 영상을 촬영할 당시 영상 편집 담당자는 제 아내였습니다(책에 있는 QR영상). 저도 그렇지만 제 아내는 현장 강의뿐 아니라 영상을 편집하기 위해서 수없이 반복적으로 영상을 돌려보며 작업했습니다. 놀랍게도 기독교 세계관 강의 전후로 제 아내의 삶에 많은 변화가 있는 것을 발견하게 되었습니다.

이 책과 강의는 지금까지 들었던 어떤 세계관 강의보다 실제적이며, 삶의 변화를 주는 탁월함이 있습니다. 김민호 목사님께서 22년 전인 2,000년에 완성하신 강의가 이렇게 책과 영상을 통해 더 많이 확산될 수 있게 하심에 하나님께 감사드립니다. 이 책을 통해 읽는 독자 분들의 세계관이 보다 성경적인 세계관으로 다듬어지며 사고와 삶이 더욱 성경적으로 변화되길 기대합니다.

추천의 글

정소영 대표 (미국변호사, 세인트폴 세계관 아카데미 대표)

"이 책은 기독교 세계관으로 살아내고 싶은 많은 분들에게
귀한 선물이 될 것이다."

　기독교 세계관에 관심을 갖고 공부하며 가르치기도 하는 한 사람으로서 『카
도쉬 아카데미와 함께 하는 기독교 세계관』을 반가운 마음으로 맞이합니다.

　요즘처럼 '세계관'이란 단어가 '핫'한 때가 있었을까 싶을 만큼 그리스도인들
사이에 세계관에 대한 관심이 뜨거워지고 있습니다. 그 이유는 많은 사람들이
교회는 다니지만 정작 자신의 삶의 선택과 결정의 순간이 오면 성경 말씀과 성
경적인 원리가 아니라 무의식적으로 스며든 인본주의의 영향에 더 휘둘리거나,
머리로 알고 가슴으로 느끼고 있는 성경적인 원리와 지식들을 현실의 삶에 연
결시키고 적용시키는 지혜가 부족하다는 사실을 뼈저리게 경험하고 있기 때문
일 것입니다.

　이러한 시기에 기독교 세계관의 핵심 내용뿐 아니라 기독교 세계관과 대척점
에 있는 세상의 철학적 사조, 그리고 현실의 각 영역에서 기독교 세계관이 어떻

게 적용되어야 하는지를 구체적으로 설명하고 있는 이 책은 기독교 세계관으로 살아내고 싶은 많은 분들에게 귀한 선물이 될 것이라고 생각됩니다.

특히 오늘날의 세속문화를 통해 기독교 세계관이 무력화되는 경향이 심화되고 있는 상황에서 저자가 문화와 예술의 영역에 많은 부분을 할애하여 문제 제기를 하고 있다는 점이 매우 인상 깊게 느껴집니다. 앞으로 있을 기독교적 문화와 예술에 대한 풍성한 논의의 출발점이 될 것이라 기대해 봅니다. 바라기는 그리스도인 문화예술인들이 '진리를 알지니 진리가 너희를 자유케 하리라'(요 8:32) 하신 예수님의 말씀을 붙잡고 문화와 예술의 영역에서 자유롭고 창의적인 방식으로 하나님께 영광을 돌릴 수 있으면 좋겠습니다.

기독교 문화의 뿌리가 깊은 서구사회마저 인본주의의 영향으로 심각하게 흔들리고 있는 현실에서, 한국에서 기독교 세계관으로 살아내고자 하는 각성이 불일 듯 일어나 각 영역이 성경 말씀으로 정화되고 움직여지는 무브먼트 Movement가 일어나기를, 그리고 이 책이 그 무브먼트의 시작점을 알리는 신호가 되길 진심으로 소망합니다.

추천의 글

최경화 대표 (카도쉬 아카데미 공동대표)

"하나님 말씀을 삶의 모든 영역에서 기준으로 삼도록 안내하는 이 책을
모든 그리스도인들에게 추천한다."

왜곡된 미디어의 홍수 속에서 자녀를 양육하는 부모와 교회학교 교사들이 하나님의 말씀을 진리로 삼고 세계관이 형성되지 않는다면 세상이 미혹하는 교육, 문화, 예술을 통해 침범하는 인본주의를 바르게 분별하여 다음세대를 양육하기는 어렵습니다. 내가 행복해지기 위해서 성공하고 트랜드를 따라하는 세대가 아닌 오직 하나님의 뜻을 우선순위에 두는 경건한 자손으로 살아가기 위해 올바른 세계관 형성은 매우 중요합니다.

김민호 목사님께서는 오래전부터 기독교세계관 강의를 통해 이 시대를 살아가는 청년들에게 삶의 초점을 하나님께 맞추는 나침반 역할을 해오셨고 축약된 강의의 내용이 드디어 책으로 출판되어 매우 감사하게 생각합니다.

간결하고 명확한 메시지와 함께 시청할 수 있는 영상을 통해 그동안 내가 썼던 세계관 안경은 무엇이었는지 점검하고 하나님 말씀을 삶의 모든 영역에서 기준으로 삼도록 안내하는 이 책을 모든 그리스도인에게 추천합니다.

각 챕터마다 해당 강의 영상이 수록되어 있습니다.

스마트폰 카메라로 QR을 찍어주세요.

현장감 넘치는 유튜브 강의 영상과 책을 동시에!

리바이벌북스

01

세계관 정의하기

01
세계관 정의하기

세계관의 문제는 해석의 문제

사람들은 종종 세계관을 철학이나 난해한 학문이라고 생각한다. 하지만 세계관은 영어로 world-view, 말 그대로 세상을 보는 눈이다. 풀어서 말하면 세상을 어떻게 볼 것이며 어떻게 해석할 것인가에 대한 문제이다.

모든 사람은 세상을 해석하는 관점perspective, viewpoint을 가지고 있다. 세상에 대해 나름의 생각과 느끼는 바가 있고 이를 가지고 자기 방식대로 해석한다. 물론 해석하는 행위 자체를 부정하는 건 아니다. 핵심은 "어떻게 해석할 것인가?"이다. 항상 문제는 해석을 잘못하면서 발생한다. 우리 그리스도인들의 삶에서 일어나는 수많은 문제도 결국 "어떻게 해석할 것인가?"의 문제이다. 이것은 우리 신앙과 직결된 아주 중대한 문제이다.

세계관은 세상을 보는 전제다

　세계관은 결국 세상을 바라보는 전제presupposition다. 모든 사람은 세상을 아무 생각 없이 해석하지 않는다. 모두가 이미 어떤 전제를 가지고 세상을 해석한다. 예를 들어, A라는 사람이 무단횡단을 하다가 B라는 사람의 차량과 사고가 났다고 치자. 그러면 사람들은 이를 어떻게 평가할까? 어떤 사람은 B가 잘못했다고 말할 것이다. 또 어떤 사람은 무단횡단을 한 A가 잘못이라고 말할 것이다. 또 어떤 사람은 여기서 인권을 들먹일 것이다. 또 어떤 사람은 약자의 동정에 초점을 맞출 것이다. 이렇게 사건은 같지만 해석이 다르다. 그리고 해석의 차이는 결국 분쟁과 다툼을 일으키며 급기야 법적 소송까지 몰고 간다. 따라서 우리 그리스도인들은 어떤 사건이 일어날 때 그 사건을 어떤 전제로 어떻게 해석할 것인가에 관심을 가져야 한다.

세계관이 먼저 바뀌어야 설득이 된다.

　세계관이 바뀌지 않으면 타인을 설득할 수 없다. 우리가 타인을 설득하고자 할 때 놓치는 것이 바로 이것이다. 타인이 보유한 세계관을 전혀 검토하지 않고 그냥 표면적인 것만을 자꾸 바꾸려 한다. 그러다 보니 자꾸 싸움이 나고 마음의 상처를 받는다. "나를 너무 이해하지 못해!", "내가 무슨 생각을 하는지 몰라!", "자꾸 나를 설득하려고만 하잖아!"라고 생각한다. 주로 부모와 자녀와의 관계 안에서 많이 벌어진다.

많은 부모가 설득하기 전에 아이들을 이해해야 한다고 말한다. 사실 이건 아주 중요한 요점point이다. 그런데 이해하라고 해서 아이들에게 맞추라는 뜻은 아니다. 이건 맞추는 문제가 아니다. 결국 "아이들이 어떤 전제로 생각하느냐?"를 읽어내야 한다.

세계관은 선글라스와 같다

흔히 세계관을 선글라스에 빗대곤 한다. 예를 들어 빨간색으로 코팅된 선글라스를 낀 사람이 세상을 보면 모든 게 다 빨갛다. 또 파란색으로 코팅된 선글라스를 끼면 모든 게 파랗다. 만일 우리가 이러한 선글라스를 낀 사람에게 "이건 이런 색이야."라고 아무리 얘기해도 설득이 안 된다. 왜냐하면 그 사람의 눈에는 선글라스로 인하여 무엇이든 빨갛게 혹은 파랗게 보이기 때문이다.

우리는 설득할 때 반드시 이것부터 시작해야 한다.
"야 너 선글라스 좀 벗어!"

아내와 내가 처가에 내려갔을 때 일이다. 내가 볼 때는 밖에 날씨가 굉장히 어두웠다. 그래서 아내에게 "오늘 날씨 굉장히 흐리네."라고 말했다. 그랬더니 아내가 웃으면서 한마디를 했다. "선글라스를 썼으니까 그렇지. 선글라스나 벗고 얘기해." 그래서 벗어보니, 날씨는 너무나 화창했다.

문제는 우리 모두 선글라스, 곧 어떤 전제를 가졌음을 의심하지 못한다는 데에 있다. 내가 대화를 나누는 자녀들, 교회 성도들, 또 지인들이나 친구들이 어떤 선글라스를 썼는지 의식하지 못하면서 내가 보는 관점으로 설득하려고 한다. 그래서 자꾸 갈등이 생긴다.

나는 최근에 유튜브로 색맹 교정 안경과 관련된 영상을 보았다.[1] 거기에 66세된 할아버지가 나왔는데 그가 가족들에게 생일 선물로 이 안경을 받았다. 그분은 원래 일평생 색맹으로 살았는데 이 안경으로 우리가 보는 색깔을 보게 됐다. 그때 어떤 현상이 나타났을까? 놀랍게도 그는 그 자리에서 울었다. "너희들이 이런 색으로 세상을 보고 있었구나! 이 세상이 이렇게 아름다웠구나! 이렇게 화려하고 멋진 줄 몰랐어!"라고 감탄하며 하염없이 울었다. 그러면서 그는 가족들과 포옹하며 고맙다고 말했다.

우리 기독교 신앙에서 전도는 과연 무엇일까? 오늘날 우리는 전도를 종종 잘못 이해한다. 전도를 그저 종교인宗教人 만들기로 착각한다. 세계관을 바꿔야 한다는 생각이 없이 그저 "예수 믿고 천당 갑시다!"라는 구호만 되풀이할 뿐이다. 여기에는 감동이 없다. 전도는 그런 것이 아니다. 전도는 그들이 잘못 쓴 선글라스를 벗겨서 우리가 보는 아름다운 세계를 그들이 보게 하는 일이다. 우리가 보는 아름다운 색깔들, 왜곡되지 않은 것들을 그들이 볼 수 있도록, 그들이 참된 아름다움을 볼 수 있게 돕는 것, 이것이 바로 전도이다.

은혜를 받고 나면 사람들에게 어떤 현상이 나타날까? 은혜를 받은 사람들은 눈물을 흘린다. 은혜를 받고 나면 큰 감동이 몰려온다. 그런 뒤에 감동한 사람

---

1) https://youtu.be/5NC1u8mVRnY.

들과 우리가 대화하면 말이 통하기 시작한다. 왜냐하면 우리가 보는 것을 저 사람도 비로소 보게 됐기 때문이다. 이것이 세계관이다.

　나는 철학적인 표현을 사용하며 "세계관은 꼭 이런 것이다."라고 말하고 싶지 않다. 세계관은 훨씬 더 현실적인 문제이다. 오늘날 부모와 자녀가 계속 갈등한다. 왜 갈등하게 될까? 자녀가 "나는 우리 부모님과는 다른 인생을 살 거야."라고 말하지만, 그 자녀도 나이가 들어 그 부모 나이가 되면 부모의 그 나이에 동일한 안경을 쓰게 된다. 그러면 그때부터 부모를 이해하기 시작한다. 이것이 세계관이다. 전혀 복잡하고 어려운 문제가 아니다. 이것은 세상을 보는 선글라스, 곧 '관점'이다.

삼단논법에 숨은 전제

　세계관과 아주 흡사한 표현으로 '관점'이 있다. 관점이 바뀌지 않으면 아무리 설득을 시도해도 전혀 소용없다. 관점이 바뀌지 않은 교인들에 의해 목사님들이 겪는 어려움이 여기서 비롯되곤 한다. 논리학에서 말하는 삼단논법syllogism으로 다음과 같이 예를 들어보자.

"우리 목사님은 강단에서 죄를 지적한다."

↓

"죄를 지적하는 것은 사랑이 없는 행위다."

↓

"우리 교회 목사님은 사랑이 없다."

사람들은 의외로 이러한 논법에 쉽게 설득당한다. 왜냐하면 "우리 교회 목사님은 강단에서 죄를 지적한다."라는 말을 할 때, "강단에서 죄를 지적한다."라는 명제가 '내포한 의미'를 보지 못한 채 오로지 겉으로 나타나는 표현(외연)만 보기 때문이다. 이것이 일종의 선입견先入見으로 작용한다. 그런 뒤에 일반적으로 생각하는 세계관을 거기에 딱 적용해서 얘기한다.

"죄를 지적하는 건 사랑이 없는 거야."

그러면 사람들은 대부분 쉽게 설득당한다. 그러고 나면 그 목사님은 아무리 사랑이 많은 사람이라 해도 그 사랑 많음이 사람들한테 인식이 안 된다. "저는 사랑이 많아요! 여러분을 얼마나 사랑하는지 아세요?" 이렇게 아무리 외쳐도 설득이 안 된다. 왜냐하면 이미 세계관의 전제를 빼앗겼기 때문이다.

"나는 사랑하기 때문에 강단에서 죄를 지적했다."라는 이 명제에 설득력이 있으려면 목사님들이 "강단에서 죄를 지적하는 것"이 내포하는 이 전제를 분명하게 가르쳐야 한다. 그래야만 사람들이 "우리 목사님은 죄를 지적하니까 사랑이 없어."라고 떠들어도 그들을 설득할 수 있다.

전제와 관련한 예: 부시G. W. Bush와 트럼프D. J. Trump의 전쟁

더 나은 이해를 위해 미국의 전쟁과 관련된 얘기를 하고자 한다. 우리가 알듯이 미국은 과거 부시Bush 대통령 때 이라크와 전쟁을 벌였다. 당시 부시에 대한 비난을 다음과 같은 삼단논법으로 정리해보자.

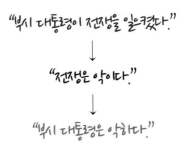

"부시 대통령이 전쟁을 일으켰다."

↓

"전쟁은 악이다."

↓

"부시 대통령은 악하다."

　　일단 이런 논법의 틀Frame에 갇히면 어떤 말로도 설득되지 않는다. 그래서 부시에게는 실제로 전쟁광war monger이라는 별명이 퇴임 이후에 계속 꼬리표처럼 뒤따랐다.[2]

　　한편 트럼프Trump는 이 문제를 아주 훌륭하게 해결했다. 실제로 그는 북한의 김정은과 절대로 싸우지 않았다. 김정은에 대해 가서 뭐라고 말하는지 보라.[3]

"(우리는) 아주 좋은 관계입니다."
(very good relationship)

---

2) 예를 들면, 부시 대통령이 한 인터뷰에서 "사람들이 나를 전쟁광으로 보지만, 나는 평화의 중재자로서 나 자신을 봅니다."(I'm sure people view me as a war monger and I view myself as peacemaker)라고 말했다. Katie Escherich, "Exclusive: President Bush in Saudi Arabia" ABC News, April 2009, https://abcnews.go.com/Nightline/Politics/story?id=4136209&page=1. 그러자 이 발언에 대해 국내뿐 아니라 해외의 수많은 언론이 그를 맹렬하게 비판했다.

3) 그는 덧붙여 북한과의 회담에서 "나는 아마 김정은과 좋은 관계에 있을 겁니다."(I probably have a very good relationship with Kim Jong Un)라는 말을 남기기도 했다. Ryan Teague Beckwith, "President Trump Says He Has a 'Very Good Relationship' With Kim Jong-Un", Time, January 11, 2018, https://time.com/5100039/donald-trump-kim-jong-un-good-relationship.

도대체 왜 그렇게 행동하는가? 그는 전제를 바꾸기 위한 설득의 과정에 있었다. 왜냐하면 전제를 바꾸지 않으면 그 전쟁은 반드시 악으로 규정되기 때문이다.

트럼프는 미국의 공화당Republican Party이다. 원래 공화당은 북한을 폭격해서 북한을 무너뜨리려 애써야 하는 입장에 있었다. 그런데 흥미롭게도 그는 온건파로 간다. 왜냐하면 전쟁을 곧바로 일으킬 경우, 국민의 반응은 결코 좋지 않을 것이라고 보았기 때문이다. 이미 국민에게 "전쟁이 무조건 악하다."라는 전제는 확고하다. 따라서 전쟁을 일으키기 전, 그는 무엇을 먼저 설득해야 하는가? 바로 "전쟁은 무조건 악한 것이 아니야!"라는 전제의 전환이 필요했다.

물론 국민의 여론이 바뀌기까지는 시간이 오래 걸릴 것이다. 그래서 트럼프는 전쟁을 섣불리 일으키지 않는다. 그는 계속 김정은을 만나고 평화 회담을 이어간다. 원래는 민주당이 이런 온건파[4]에 자리를 잡아야 한다. 그리고 공화당을 공격해야 하는데 트럼프가 온건파에 있으니 트럼프를 공격하기 위해 민주당이 오히려 강경파[5]로 가버렸다. 그들은 강경파로 가서 "북한이 핵미사일을 계속 개발하는데 트럼프는 왜 북한을 폭격하지 않는가?"라는 비판을 가한다.[6] 그러면 트럼프는 "우리는 평화를 가졌어!"(We have peace!)라고 아주 넉살 좋게 얘기한다. 즉, 공화당은 원래 북한을 공격하기 원하던 상태였는데 민주당의 입으로 말하게 된 것이다.

---

4) 온건파는 비둘기파라고도 불리며, 국가 간의 외교에 있어서 평화적인 방법을 지향하는 세력을 통칭한다.

5) 강경파는 매파라고도 불리고, 외교에 있어서 강하고 공격적인 방법을 지향함으로 전쟁도 불사하는 공격적인 세력을 통칭한다.

6) 이는 2019년 런던에서 열린 나토 정상회담에서 트럼프가 실제로 했던 발언이다. Uri Friedman, "Politics Inside the Collapse of Trump's Korea Policy", The Atlantic, December 19, 2019. https://www.theatlantic.com/politics/archive/2019/12/donald-trump-kim-jong-un-north-korea-diplomacy-denuclearization/603748/.

이렇게 되면 국민에게 어떤 정서가 생길까? "저건 전쟁을 해서라도 처리해야 하는구나."라는 분위기가 형성된다. 왜냐하면 공화당 진영은 원래 전쟁을 원했는데 민주당 진영까지 정세가 바뀐 것이다. 따라서 나중에는 이렇게 말할 수 있게 된다. "너희가 공격하라고 했지? 나는 전쟁을 원치 않았는데, 그럼 공격할게! 그 대신 난 책임 없는 거야. 알겠지? 이건 너희들이 원한 거야!" 여기서 우리가 주목할 요점은 전제다. 이제 트럼프는 전쟁을 해도 '선'을 추구하는 사람이 되는 것이다.

전제를 바꾸지 않은 상태에서 설득은 아무 소용이 없다.
전제를 바꾸지 않은 설득은 그저 변명으로만 보일 뿐이다.

전제를 바꾸려면 용어를 바꿔라

전제를 바꾸려면 아주 중요한 것을 바꿔야 한다. 그것은 바로 '용어'Term다. 우리는 현실에서 전제를 바꾸려고 할 때 문장에 집착하곤 한다. 그런데 문장으로는 전제가 바뀌지 않는다. 전제의 변화는 문장이 아닌 용어의 변화에서 비롯된다. 즉, 세계관과 전제를 바꾸는 아주 중요한 도구는 명제가 아니라, '용어'다.

용어로 전제를 바꾼 예: 소크라테스와 청년의 대화[7]

흥미로운 예를 들고자 한다. 고대 철학에는 굉장히 유명한 철학자가 있다. 바

---

7) 플라톤의 초기 대화편, 『에우튀프론』(Euthyphron, BC 399)에 기록된 주요 내용으로 소크라테스와 청년 에우튀프론이 "경건"을 주제로 나눈 대화이다. 최근 번역되어 출판된 책으로는 플라톤, 『에우튀프론』, 강성훈 역 (서울: 아카넷, 2021)을 보라.

로 소크라테스^{Socrates}다. 소크라테스는 항상 사람을 설득할 때 용어에 대한 오해를 풀어주며 시작했다. 그는 법정에 갔다가 어떤 청년을 우연히 만나게 됐다. 소크라테스는 청년에게 이렇게 물었다.

소크라테스 "자네는 도대체 무엇 때문에 법정으로 들어가는가?"

청년 "우리 아버지가 불경건합니다. 그래서 이것 때문에 저는 소송을 걸려고 하는 겁니다."

소크라테스 "자네 아버지가 불경건한가? 그럼 자네는 경건이 뭐라고 생각하는가?"

청년 "신에 대한 무례함이 불경건이고, 신에 대한 공경이 경건입니다."

소크라테스 "그러면 자네가 생각하는 경건이란 도대체 어떤 신에 대한 공경인가? 이 신에 대한 공경이 저 신에게는 불경건이 될 수도 있는데, 그럼 자네는 이쪽 신에 대한 공경이 경건인가? 아니면 저쪽 신에 대한 불경건이 또 공경이 될 수 있는가?"[8]

소크라테스는 이런 이야기를 통해 그 청년의 아버지가 불경건하지 않다는 결론을 도출했다. 결국 소크라테스와 대화를 나눈 청년은 올라가다 말고 이렇게 말했다.

청년 "제가 생각을 잘못한 것 같습니다. 저의 아버지는 불경건하지 않으신 것 같습니다."

여기서 소크라테스는 문장이나 그 사건을 다루지 않았다. 단지 그 청년이 생

---

8) 소크라테스가 살던 고대 그리스는 여러 신을 포용하는 다신교 사회였다.

각하는 용어의 이해를 바꾸었을 뿐이다. 즉, "경건은 무엇이고, 불경건은 무엇인가?" 이 용어에 대한 개념이 바뀌자 그 사건에 대한 해석이 달라졌다.

용어로 전제를 바꾼 예: 마틴 루터의 종교개혁

이것이 또 얼마나 중요한지를 가르쳐준 역사적 사건이 있는데 바로 종교개혁 Reformation이다. 종교개혁가들은 교회를 개혁할 때 전제를 바꾸려고 용어의 개혁에 착수했다. 원래 사람은 생각할 때 문장보다 단어에 집중한다. 그러니까 어떤 생각을 할 때 항상 중요한 핵심 용어를 머릿속에 떠올리고 그 용어를 전제로 사고를 이어간다. 따라서 용어의 이해가 바뀌어야 사람을 설득할 수 있다.

종교개혁의 핵심 문제도 여기에 있었다. 원래 종교개혁자 마틴 루터Martin Luther가 종교개혁에 뛰어든 이유는 자신의 영혼 문제에 있어서 해석되지 않은 부분이 있었기 때문이다. 그의 문제는 결국 '칭의'Justification라는 용어에 있었다. 그는 이제까지 칭의를 로마 가톨릭적 개념으로 이해하고 있었다. 그러다 보니 자기 인생의 문제가 도무지 해석되지 않았다. 여러 가지 고행도 해봤고 오랜 수도원 생활 등 여러 방법을 시도했지만 도저히 해결되지 않았다.

그러던 어느 날 그가 로마서의 "오직 의인은 믿음으로 말미암아 살리라"(롬 1:17)라는 구절을 깨달으며 오직 믿음으로 의롭게 됨을 깨달았다. 그러면서 아우구스티누스Augustine of Hippo가 생각한 정통적 칭의론을 발견한 것이다. 이후 루터는 자기가 바라본 로마 가톨릭에 대한 이해가 다 바뀌기 시작했다. 그는 애초에 로마 가톨릭의 모든 잘못을 낱낱이 따지면서 개혁할 의지가 있었던 것이 아니다. 단지 하나의 용어에 대한 개념을 바꾸자 성경과 종교에 대한 이해 전체가 달라졌을 뿐이다. 용어가 바뀌자 모든 게 바뀌었다. 하나의 단어에 대한 이해의 변화가 종교개혁의 도화선이 되었다.

함께 생각해보자. 칭의Justification의 이해(전제)가 달라지면 어떻게 될까?

칭의Justification의 이해가 달라지면, 성화Sanctification에 대한 이해가 달라지고, 구원Salvation에 대한 이해가 달라진다. 그리고 속죄atonement의 개념도 바뀐다. 그래서 루터는 "칭의의 교리가 교회를 세우기도 하고 쓰러지게도 하는 조항"이라고 불렀다.[9]

하나의 용어는 이처럼 '파생성'과 '유기성'을 가진다. 흥미롭게도 우리에게서 하나의 용어에 대한 개념이 바뀌면 뇌에서는 기묘한 작용이 일어난다. 용어의 개념(전제)이 바뀔 때, 그 바뀐 개념과 충돌되는 다른 용어에 대해한 재해석이 일어나는 것이다. 그리고 이렇게 하나하나 연쇄적으로 바뀌면서 사람은 전인격적으로 변화하게 된다.

영적 전쟁에서 승리하려면 용어를 먼저 바꿔라

우리는 지금 영적 전쟁을 치르고 있다. 국가적으로도 굉장히 혼란스럽다. 그런데 "이 혼란을 어떻게 해결할 것인가?"라고 했을 때, 우리는 아주 큰 것이나 표면적인 것에 집착하고 그것으로만 싸우려고 한다. 하지만 그렇게 해선 결코 이길 수 없다. 우리는 무엇보다 사람들이 생각하는 용어의 이해를 근본적으로 바꿔야 한다.

요즘 교회 안에도 동성애 얘기가 자주 나온다. 어떤 이들은 "하나님은 사랑이

9) R. C. Sproul, *How Can I Be Right with God?, The Crucial Questions Series* (Orlando, FL: Reformation Trust: A Division of Ligonier Ministries, 2017), 4.

신데 남자끼리 혹은 여자끼리 서로 사랑하는 게 뭐가 문제입니까?'라고 질문하며 이로 인해 분쟁이 일어나곤 한다.

코로나 19와 관련하여 대면 예배의 문제도 마찬가지이다. "하나님 사랑과 이웃 사랑이 무엇인가?"라는 이 질문이 많은 갈등을 야기한다. 물론 우리는 하나님이 사랑이시다는 명제에 다 동의한다. 그런데 이 명제에는 동의하지만, 정작 사랑에 관한 정의에 대해서는 서로 엇갈린다. 명제는 동의하는데 '사랑'이라는 용어 하나의 개념이 달라서 다른 결론이 나온다. 그래서 우리는 용어의 이해를 바꾸고 용어에 대한 이해가 합의되면, 그다음에는 명제에 대해 합의가 가능하게 된다. 그래야만 해석하고 바라보고 이해하는 방식이 완전히 달라지는 것이다.

빼앗긴 용어를 포기하지 말고 탈환하라

진보 혹은 좌파라 불리는 사람들은 새로운 용어를 상당히 잘 만든다. 물론 정확히 말하면 그들은 새로운 용어를 만드는 게 아니라 '왜곡'하는 것이다.

그들의 이런 용어 왜곡은 구조주의 철학에 근거를 둔다. 구조주의자들은 용어를 바꾸어서 사람들을 근본적으로 개조할 수 있다고 생각한다. 진보 계통의 사람들도 그들의 생각을 이어받아 기존에 우리가 사용하는 용어들을 왜곡한다. 용어를 왜곡해서 우리의 사고와 세계관을 송두리째 개조하려는 속셈이다.

그렇다면 우리는 그들에게 어떻게 대응해야 할까? 일단 왜곡된 용어를 포기하고 새로운 용어를 생산하는 방법은 별로 좋지 않다. 왜냐하면 새로운 용어를 대중화시키기에는 시간이 너무 많이 소요되기 때문이다. 그 시간 동안 우리는 많은 것을 손해 보게 된다. 그래서 용어를 포기하는 것보다는 오히려 용어를 지키거나 되찾아오는 방법이 훨씬 빠르다.

우리가 진보라는 용어에 대해서 생각해보자. 그들은 스스로 "나는 진보입니다."라고 떠들며 다닌다. 그런데 우리가 차분히 한번 이 용어를 생각해보자. 도대체 진보라는 용어는 무슨 뜻일까? 진보는 과거의 역사에서 검증된 것들 위에 한층 한층 쌓아 올리는 게 아닌가? 그런데 그들은 자신들의 생각들을 진보라 말하지만, 정작 진정 진보가 될지 퇴보가 될지 아무것도 장담할 수 없다. 도리어 역사적으로 이들은 문명과 사회와 도덕성을 퇴보시켰다. 대중은 이 용어에 속고 있는 것이다.

우리는 이렇게 용어의 개념을 바꿔줘야 한다. 실제로 진보에 빠진 사람들에게 한번 물어봐라. "진보가 뭐예요?" 그들은 잘 대답하지 못한다. 물론 그들에게 이 용어는 아주 익숙해져 있다. 하지만 자기 생각이 왜 진보인지 어떻게 진보일 수 있는지 인식하지 못한다. 나는 젊은 대학생들과 이런저런 얘기를 하다가 의외로 그들이 쉽게 보수적으로 바뀌는 현상을 목격한다. 왜냐하면 그들이 진보라고 생각하는 것들이 사실은 보수이기 때문이다.

보수주의자들도 의외로 보수에 관한 개념을 잘 모른다. 보수는 사실 "Reform"의 뜻과 같다. "Reform"은 "다시"를 뜻하는 "Re"와 "형태"를 뜻하는 "Form"의 합성어이다. 즉, 보수는 다시 과거에 형태를 회복하는 것이다. 물론 과거의 아무런 형태로의 회복이 아니다. 가장 역사적으로 원본Original과 표준Standard에 가깝게 해당되는 형태로 회복하는 것이다. 이 형태는 역사에서 이미 검증됐기 때문에 굉장히 안전하다. 그리고 우리는 단순히 과거의 형태로 돌아가는 게 아니라 표준에 더 발전시켜 쌓아 올리는 것이다.

반면 오늘날 소위 진보라고 자처하는 사람들은 역사적으로 쌓아 올렸던 탑을 다 허물고 다시 쌓아야 한다고 주장한다. 그런데 과연 그들을 진보라고 부를 수 있을까? 진보라는 용어의 참뜻을 생각한다면 오히려 우리가 진보가 아닐까?

오늘날 우리는 '젠더 이데올로기'Gender ideology라는 용어를 뺏겼다고 해서 이를 완전히 포기해선 안 된다. 우리는 용어를 탈환해야 한다. 교회사가 우리에게 무엇을 보여주는가? 종교개혁자들은 용어를 결단코 포기하지 않았다. 그들은 로마 가톨릭에 의해 왜곡된 용어들을 재발견해서 종교개혁을 일으켰고 그러면서 부흥이 시작됐다. 물론 용어를 탈환하는 과정에서 엄청난 혼란이 발생할 수 있다. 그걸 우리는 '과도기'라고 부른다. 그러나 이러한 과도기를 거치고 용어가 회복되면 질서가 잡힌다.

실례를 들면, 우리 교회 이름이 "회복의교회"다. 그런데 우리가 처음 교회명을 회복의교회로 정하니까 주변에서 우려하는 분들이 많았다. 왜냐하면 회복교회(지방교회)[10]라는 문제의 단체 때문에 거기로 오해할 수 있다는 우려였다. 그러나 나는 걱정이 없었다. 우리가 더 유명해지고 정확해지면 이 문제는 해결된다고 믿었기 때문이다. 회복이라는 이 좋은 용어를 그들한테 뺏기기 싫었다. 그래서 이 용어를 되찾아오는 전쟁을 벌여야겠다고 생각했다.

용어를 되찾아오면
굳이 문장을 바꿀 필요가 없게 된다.

---

10) 한국에 회복교회로 알려진 지방교회(Local Church)는 워치만 니(Watchman Nee)의 추종자인 위트니스 리(Witness Lee)에 의해 세워진 세대주의 영향을 받은 신흥 교파이다. Irving Hexham, *Pocket Dictionary of New Religious Movements: Over 400 Groups, Individuals & Ideas Clearly and Concisely Defined* (InterVarsity Press, 2002). 이들은 이외에도 삼분설, 양태론을 가르치는 등 신학적으로 많은 문제를 안고 있다.

신앙의 전제들 올바로 세우기

02
신앙의 전제들 올바로 세우기

신앙은 전제 싸움이다

사랑의 전제: 하나님 사랑? 이웃 사랑?

우리 그리스도인은 어떤 전제로 생각해야 할까?

우리의 전제는 사실 예수님께서 잘 가르쳐주셨다. 우리는 가끔 구약의 율법을 터부시하는 경향이 있지만 예수님의 말씀은 다르다. 실제로 율법사가 "율법 중 어느 계명이 큽니까?"라고 물을 때 예수님께서는 율법을 길게 나열하지 않고, 두 강령으로 요약해서 말씀하셨다.

> "네 마음을 다하고 목숨을 다하고 뜻을 다하여 주 너의 하나님을 사랑하라 하셨으니
> 이것이 크고 첫째 되는 계명이요 둘째도 그와 같으니 네 이웃을 네 자신 같이 사랑하라
> 하셨으니 이 두 계명이 온 율법과 선지자의 강령이니라"(마 22:37-40).

여기서 왜 첫째와 둘째라는 구분이 등장할까?

만일 이웃 사랑을 전제로 하여
하나님 사랑을 생각하면 우리는 인본주의가 된다.
그런데 하나님 사랑이 먼저 오고
이 전제로 이웃 사랑을 생각하면 신본주의가 된다.

둘 다 사랑이지만 논리상의 순서, 곧 전제가 바뀌면 인본주의와 신본주의라는 완전히 다른 결과에 도달하게 된다.

사랑의 전제에 관한 예: 코로나 19로 인한 비대면 예배

코로나 19로 인한 비대면 예배의 문제를 생각해보자.

이에 대해 사람들은 뭐라고 말하는가? 오늘날 교회들은 사랑이라는 주제로 이 문제를 다룬다. 어떤 교회는 먼저 이렇게 말한다. "우리는 이웃을 사랑해야 합니다. 따라서 우리는 예배당에서 예배하기보다 각자 자기 집에서 인터넷으로 예배하는 게 좋겠습니다." 이렇게 말하면서 이웃 사랑을 명분으로 공예배를 인터넷 예배로 후퇴시켰다.

여기서 잘 생각하면 그들에게는 지금 전제가 바뀌었다. 다시 말해 이웃 사랑이 하나님 사랑보다 더 앞선 것이다. 이렇게 되면 어떤 현상이 발생하는가? 하나님 사랑에 대한 교리가 왜곡된다. 즉, 이웃 사랑이 전제가 됐기 때문에 사람을 중심으로 하나님을 사랑하게 된다. 사람 중심으로 하나님을 사랑하면 하나님은 성경의 하나님이 아니라 '우상'이 된다. 다시 말해서 우상숭배가 된다는 말이다. 이게 바로 전제가 바뀌면서 발생하는 문제이다.

사랑의 전제에 관한 예: 동성애자를 바라보는 시각

그렇다면 이번에는 하나님 사랑을 앞에, 이웃 사랑을 뒤에 놓고 생각해보자.

'하나님 사랑'을 전제로 "이웃을 어떻게 사랑할 것인가?"를 생각해 보는 것이다. 이렇게 되면 동성애자들을 바라보는 시각도 정반대로 바뀌게 된다. 가령 어떤 사람이 "그 사람들도 불쌍한 영혼이니까 우리가 그 사람들을 사랑해주고 포용해주자."라고 말했다고 하자. 물론 우리는 "사랑해주고 포용해주자"라는 말에 동의할 수 있다. 그런데 "어떻게 사랑해주고 어떻게 포용해 줄 것인가?" 여기서 우리는 '하나님 사랑'을 기준으로 결정해야 한다. '하나님 사랑'을 기준으로 하면 동성애라는 죄는 미워하고 동성애자들을 돕게 된다. 결단코 우리의 감정으로 결정하는 게 아니다. 하나님 사랑보다 이웃 사랑이 앞서면 모든 해석이 다 바뀐다.

여기서 인본주의 신학과 신본주의 신학이 갈린다. 둘 다 사랑은 똑같이 말한다. 그런데 사랑의 전제가 다르다. 따라서 우리가 사랑의 전제를 분명하게 바꾸지 않으면 이 싸움에서 항상 후퇴할 수밖에 없다. 왜냐하면 그들은 우리를 "사랑 없는 사람"으로 만들기 때문이다.

사랑의 전제에 관한 예: 교회의 거룩인가? 수적 성장인가?

전도의 문제도 생각해보자. 흔히 많은 현대 교회가 영혼 구원을 외친다. 좋은 일이다. 그런데 영혼 구원을 우선으로 하여 수단과 방법을 가리지 않고 (거룩을 포기하면서) 한 사람이라도 더 예배당에 오도록 하는 게 사랑일까? 아니면 교회의 거룩을 우선하고 영혼 구원을 뒤따르도록 하는 게 사랑일까? 현대 교회는 예배가 모욕을 당하고 불경건한 예배자가 있더라도 참아가면서 어떡하든지 더 많은 사람이 복음을 듣게 하려고 노력했다. 소위 이웃 사랑, 영혼 사랑을 항상 우선순위에 두었다. 그러나 결과는 어떠한가? 오늘날 예배는 무너졌고 경건도 무너졌으며 하나님에 대한 영광도 다 무너져 버렸다. 오늘날 교회의 모습을 보라. 교인 숫자는 늘었지만, 더 부패했고 더 타락하지 않았는가?

우리 신앙의 선배들은 달랐다. 그들은 올바른 사랑이 무엇인지를 알았다. 하나님 사랑을 전제로 한 뒤 이웃 사랑으로 나아갔다. 그들은 이러한 순서를 잘 알았다. 그래서 적게 모이더라도 경건과 거룩을 우선했다. 실제로 이것이 우선이 되면 교회에 대한 불신자들의 평가가 달라진다. "예수 믿는 사람들은 정직하네요." "예수 믿는 사람들은 질서가 있네요." "예수 믿는 사람들은 우리와 구별된 무엇인가가 있네요." 그런데 이웃 사랑을 전제로 하다 보니 세상(타락)도 교회 안으로 들어왔다. 하나님의 영광보다는 영혼 구원이 먼저라는 사고 때문에 세상(타락)이 쉽게 교회에 들어오게 되었고 결국 교회는 세속화되고 말았다.

오늘날의 교회에 교인들은 많다. 그러나 온갖 나쁜 짓을 많이 한다. 물론 좋은 일을 하는 교인도 있다. 그런데 나쁜 짓을 하는 교인들의 비율이 더 늘어난다는 게 문제다. 성경에서 가르치는 가장 중요한 핵심은 영혼 구원이 아니다. "내가 거룩하니 너희도 거룩하라"(레 11:45) 이것이 우선이고, 영혼 구원은 그다음이다. 성경은 우리가 거룩하게 살면 너희의 선한 행실을 보고 그들이 돌아올 것이라고 말하지만 우리는 멋대로 순서를 바꾸었다. 사실 순서의 문제도 결국은 전제의 문제다. 이렇게 전제가 잘못되면 모든 게 무너진다.

기독교 세계관은 끊임없이 전제에 대한 질문을 던지는 것이다.
전제의 문제는 정말 중요하다.

예배는 신앙고백을 전제로 한다

우리는 전제에 굉장히 약하다. 우리는 어떤 텃밭에서 신앙생활을 하는지 잘 인식하지 못한다. 기독교 신앙은 시작부터 신앙고백을 물어본다. 우리가 하는 이러한 신앙고백 중 하나가 사도신경이다. 특히 사도신경이 예배 순서상 앞에 배치되는 이유는 "예배는 어떤 신앙고백을 하는 사람이 드리는 것인가?"에 관한 전제를 말하기 때문이다. 즉, 사도신경을 고백(전제)하는 사람이 하나님을 예배한다. 그래서 우리는 사도신경으로 "이런 사람이 예배한다."라는 전제를 깔아놓는다.

신앙은 전제 싸움이다

오늘날 "창조론인가? 진화론인가?"도 실은 전제의 문제다. 진화론은 모든 동물이 미생물에서 출발했다는 유물론적 전제를 갖는다. 만일 이 전제를 따르게 되면 사람은 굳이 윤리적일 필요가 없다는 결론에 도달한다. 왜냐하면 미생물에서 진화된 존재에게 윤리적 책임을 물을 수 없기 때문이다. 인간에게 윤리를 물을 수 있는 근거는, 인간이 하나님의 형상으로 창조되었기 때문이다.

개혁주의 신학자 중 전제주의 변증으로 유명한 코넬리우스 반틸^{Cornelius Van til}은 우리의 신앙을 전제의 싸움에 종종 빗대어 표현하였다.[11] 전제를 빼앗기면

---

11) 예를 들어, 반틸(Van til)은 "로마-신정통주의 신학의 통합"(The Rome-Neo-Orthodox Synthesis)은 "인간의 능력과 주관적 의지를 전제"(the presupposition of the sovereign will and power of man)로 하지만, 도르트 신경와 웨스트민스터 신앙고백서를 수호하는 정통주의는 "하나님의 주권적 은혜를 전제"(the presupposition of the sovereign grace of God)로 한다고 지적한다. 즉 그는 양자가 서로 완전히 다른 전제(presupposition)를 가졌기 때문에 타협은 있을 수 없고 이들 사이에 아마겟돈 전쟁이 펼쳐질 것이라고 주장한다. Cornelius Van Til, *The Sovereignty of Grace: An Appraisal of G. C. Berkouwer's View of Dordt* (The Presbyterian and Reformed Publishing Company: Philadelphia, 1969), 25-26. 이처럼 반틸은 우리 신앙에 있어서 전제가 갖는 중요성을 잘 지적한다.

모든 걸 다 빼앗긴다. 뿌리를 빼앗기면 위에 가지와 열매도 다 뺏기는 법이다. 그런데 우리는 항상 열매에 집착해서 내 뿌리가 어디에 있는지 또 뿌리를 빼앗길지 빼앗기지 않을지를 생각하지 못하는 경우가 허다하다. 뿌리를 지키면 잎과 열매는 따라오게 되어있다.

신앙은 올바른 전제들에 기초해야 한다

우리의 신앙은 어떤 전제들에 기초하는가에 따라 달라진다. 기도할 때도 전제가 있어야 한다. 예수님께서 기도를 가르치실 때 "너는 먼저 그의 나라와 그의 의를 구하라. 그리하면 이 모든 것이 너희에게 더하여지리라"(마 6:33)라고 말씀하셨다. 기도의 전제는 하나님 나라와 그의 의를 구하는 데 있다.

구원의 개념을 분명하게 정리하는 것도 신앙의 전제를 세우는 중요한 작업 중 하나다. 한 번은 나의 큰아들이 길가에서 어떤 아주머니에게 전도를 받았는데, 그 아주머니는 "너 예수 믿고 구원받아야 해!"라고 말했다. 그러자 큰아들이 아주머니에게 "그런데 구원이 뭐지요?"라고 능청스럽게 되물었다. 그런데 그 말을 들은 아주머니는 이에 대답하지 못하고 허둥지둥 자리를 피했다. 오늘날 한국교회 교인들에게 구원을 물을 때 대답할 수 있는 사람이 얼마나 될까?

신앙은 올바른 전제들에 기초해야 한다. 구원이라는 용어가 정리되면 우리 신앙의 전제로서 구원의 개념이 확고해지는 것이다. "구원은 이런 것이다."라는 전제가 생기고 나면, 행동이 달라진다. 철학에서는 "전제에 의하여 윤리가 결정된다."라고 한다. 이것이 논리학의 기본이다. 내가 어디 하나의 가치를 두고 있으면 그것에 의해서 윤리가 결정된다. 그래서 우리는 나의 신앙생활에 있어서 기본적 전제가 무엇인지를 분명하게 세워야 한다.

사이어James W. Sire는 "사실 아무리 기초적이고 간단할지라도, 우리의 모든 사고 활동을 허락해주는 것은 오직 세계관의 전제the assumption of a worldview뿐이다."라고 말했다.[12] 전제가 분명하지 못하면 사고 활동이 올바로 되지 않는다. 그렇게 되면 전제가 분명한 다른 사람한테 끌려다니게 된다.

오늘날 대중이 선동을 쉽게 당하는 이유가 여기서 비롯된다. 사실 목회에 있어서 힘든 타입의 성도는 전제가 불분명한 사람이다. 이들은 불평하는 사람들의 선동에 쉽게 넘어간다. 반면 전제가 명확한 사람은 불평할 만한 상황이 와도 쉽게 선동에 휩쓸리지 않는다.

전제의 문제는 일상과도 밀접한 관련을 맺는다

요즘 사람들은 흔히 생각 없이 산다고 말한다. 그러나 아무 생각 없이 사는 사람은 한 사람도 없다. 누구나 나름대로 생각이 있다. 사실 우리가 생각 없이 산다는 말의 참뜻은 전제가 불분명하다는 말이다. 요즘 사람들은 인생에 있어서 전제가 분명하지 못하다. 아이들에게 "너 왜 사니?"라고 물으면, 그들은 "그냥 살죠."라는 애매한 답을 한다. 사실 이런 종류의 답은 전제의 불분명함을 잘 나타낸다.

전제의 문제는 우리 일상의 많은 것과 관련을 맺는다. 사과를 살 것인가? 귤을 살 것인가? 이것도 전제에 따라 달라진다. 만일 내가 "돈이 중요해."라는 전제를 가졌다면 당연히 저렴한 과일에 손을 뻗을 것이다. 또 내가 "돈보다 맛이 중요해."라는 전제를 가졌다면 맛이 더 좋은 과일을 구매할 것이다. 이처럼 일상의 사소한 문제들도 모두 전제와 밀접한 관련을 맺는다.

---

12) James W. Sire, *The Universe Next Door: A Basic Worldview Catalog 5th Edition* (IVP Academic, 2009), 19.

전제들 확인하기: 사이어^{James W. Sire}의 다섯 가지 질문들

세상을 바라보는 전제, 곧 세계관이 바뀌지 않았다는 건 신앙이 개종되지 않았음을 뜻한다. 따라서 우리는 항상 "내가 예수 믿기 이전과 이후의 내 전제가 바뀌었는가?"를 끊임없이 확인해야 한다. 사이어^{James W. Sire}는 만일 세계관을 명제로 표현한다면, 다음과 같은 다섯 가지 질문에 대한 근본적인 해답이 돼야 한다고 주장한다. [13]

첫째, 참된 최고의 실재는 무엇인가?

이것은 철학의 접근 방식에서 실재론^{realism}이라 불리기도 한다. "참으로 존재하는 것이 무엇인가?"에 대한 답으로 정신을 답한다면 '관념론'^{Idealism}이다. 돈이나 육체로 답한다면 '유물론'^{Materialism}이다. 그런데 하나님이 참된 실재라고 말한다면 '유신론'^{theism}이 된다.

둘째, 인간의 존재는 무엇인가?

우리는 이 전제를 정말 고민해야 한다. 지금 우리 기독교는 이 전제가 다 무너졌다. 먼저 교회에서 참으로 중요한 것, 참으로 실재하는 것은 무엇인가? 이에 대해 하나님이라고 고백하는 사람이 몇이나 될까? 그러면 인간은 무엇인가? 이에 대해 인간은 하나님의 피조물이고 하나님만이 창조주라고 고백하는 사람이 몇이나 될 것인가?

---

13) 그가 저서에서 제시한 질문은 총 일곱 가지이지만, 유튜브 강의를 바탕으로 집필된 본서는 편의상 다섯 가지만을 요약하여 제시한다. 이에 관한 자세한 내용은 Sire, *The Universe Next Door*, 22-23을 보라.

셋째, 인간이 죽으면 어떻게 되는가?

존 스토트[John Stott]와 같은 사람은 인간이 죽으면 죄인들의 영혼이 소멸한다고 주장했다.[14] 쉽게 말해 지옥 같은 건 없고 악인의 영혼은 그냥 없어진다는 것이다. 만일 이런 전제를 갖게 되면 "어차피 없어질 거 막살아도 상관없다. 즐기다 가자!"라는 사고로 발전할 우려가 있다. 신자는 하나님의 최후 심판을 믿고 두려움으로 행위를 조심하게 된다. 그러나 영혼소멸설은 이런 인식을 제거해버린다. 이처럼 내세에 대한 올바른 이해는 우리 신앙의 중요한 전제 중 하나가 된다.

넷째, 옳고 그름을 분별하는 도덕적 기초는 무엇인가?

사람들과의 관계에서 사람의 뜻을 기준으로 판단을 하는가? 아니면 하나님의 뜻을 기준으로 판단하는가? 이러한 도덕적 기초 토대를 어디에 두는가? 이 기초가 불분명하면 행동이 이상해진다. 오늘날의 진화론, 동성애 등과 같은 문제들이 이러한 도덕적 기초를 어디에 먼저 두는가와 관련이 깊다.

다섯째, 인간 역사의 의미는 무엇인가?

역사는 전쟁, 윤회적, 직선적, 윤리와 도덕적 관점 등 여러 가지로 보는 관점에 따라 해석이 크게 달라진다. 그러나 우리는 역사에 있어서 하나님의 계획이

---

14) 스토트(Stott)는 일부 성구들의 신학적·주석적 해석이 어렵다는 이유로 지옥은 없으며, 악인의 영혼이 그냥 소멸한다는 "영혼소멸설"을 제안했다. David Edwards and John Stott, *Evangelical Essentials: A Liberal-Evangelical Dialogue* (Downer's Grove: Intervarsity, 1988) 312-20. 그의 이러한 주장은 학계에 큰 논란을 가져왔다.

실현되는 역사, 또 이 땅에 하나님의 낙원을 이룩해가시는 역사, 혹은 하나님의 택하신 자녀들과 하나님과의 교제를 통해 천상의 삶을 예비하시는 역사 등 성경적인 답을 내려야 한다.

그러므로 이 다섯 가지 질문에 올바른 답을 내려 우리 신앙의 전제로 잡을 때 세계관이 올바르게 형성될 수 있다. 오늘날 현대 그리스도인들은 이러한 다섯 가지 세계관에 대한 올바른 형태를 갖추지도 않고 견고하지도 않아서 주위 사람의 선동에 쉽게 휩쓸린다. 우리는 신앙의 전제로서 이러한 세계관을 올바르고 굳게 형성하여서 흔들림 없는 성경적 신앙생활을 영위할 수 있어야 한다.

03

기독교 세계관과 철학

03
기독교 세계관과 철학

철학은 이방 종교의 교리다

철학은 이방 종교의 교리다. 흔히 사람들이 철학을 기독교에 사용된 학문 정도로 여기는 건 다소 미흡한 생각이다. 예를 들어, 플라톤주의Platonism를 생각해보자. 플라톤주의 안에는 구원론, 내세론, 윤리론 등과 같은 종교적 요소들이 가득하다. 이런 플라톤주의가 기독교 안에 들어오면 사람의 영이 육을 벗어나 구원을 얻는 이방 종교의 구원론, 곧 이데아론Theory of Ideas을 말하게 된다. 또 이데아Ideas라는 내세를 말하고 그들 나름의 성화론도 존재한다. 플라톤주의는 이렇게 기독교 안에 들어오면 기독교를 이방 종교로 변질시킨다.

모든 철학에는 중보론이 없다

철학을 공부하는 많은 사람은 "어떻게 나를 스스로 구원할 수 있을까? 어떻게 내 인생의 문제를 해결하고 고달픈 문제들을 헤쳐나갈 수 있을까?" 이를 계속 고민하며 지혜를 짜내면 나름 진리에 근접하곤 한다. 하지만 그들이 아무리 몸부림을 쳐도 한 가지는 언제나 부재하다. 그것은 바로 중보론The Doctrine of Mediator 이다. 그들은 구원의 주체를 반드시 사람 자신으로만 상정한다. 즉 '어떻게 내가 나를 구원할 것인가?', 계속 이 질문만을 던지는 게 철학이다.

철학은 "내가 나를 스스로 구원해야 한다."라는 이 전제를 결단코 포기하지 못한다. 여기서 기독교는 중보론에서 다른 철학과 완전한 분기점을 형성한다. 신자에게 구원의 주체는 오직 삼위일체 하나님뿐이다. 사람은 스스로를 구원 못한다. 삼위일체 하나님께서는 오직 그리스도의 공로(중보 사역)로 신자를 구원하신다. 따라서 중보론이라는 전제가 우리에게 분명하지 않다면 우리는 철학에 미혹될 가능성이 크다.

기독교와 철학의 차이: 자유自由 vs 자율自律

기독교와 철학의 또 다른 차이로 전자는 자유自由, 후자는 자율自律을 추구한다.[15] 자유란 방종과 완전히 다르다. 법률적으로 정해진 경계 안에서의 자유로움을 말한다.[16] 이는 마치 운전자가 도로교통법의 범주 안에서 경찰이나 다른 어떤 사람들의 간섭 없이 자유롭게 운전을 할 수 있는 것과 같다.

---

15) 이에 관한 자세한 설명은 김민호, 『신앙은 개념이다』 (의정부: 리바이벌북스, 2022)를 참고하라.

16) 표준국어대사전은 자유의 법률적 의미를 법률의 범위 안에서 남에게 구속되지 아니하고 자기 마음대로 하는 행위라고 정의한다.

그러나 자유는 이보다 더 강력한 의미를 담고 있다. 그것은 법에 대한 사랑이다. 법을 억지로 지킨다면 그에게 법은 억압이 되겠지만, 법을 사랑해서 적극적으로 지키는 사람에겐 그것이 자유가 된다. 예를 들어, 공부를 너무 싫어하는 학생이 있다고 하자. 그 학생에게 공부에 대한 요구는 억압으로 여겨질 뿐이다. 그런데 어느 날 이 학생이 공부의 즐거움을 알게 됐다. 그래서 공부를 사랑하게 됐다. 이후부터 이 학생에겐 공부를 하라는 것은 억압이 아니라 자유로운 행위가 된다. 도리어 공부를 하지 못하게 하는 것이 그에겐 억압으로 여겨진다.

마찬가지로 성경은 우리에게 율법을 지키라고 명령한다. 율법의 정신은 하나님 사랑과 이웃 사랑이라고 요약할 수 있다. 사랑은 율법의 완성이라고 한다. 그런데 타락한 인간은 율법을 지키는 것을 억압으로 여긴다. 왜냐하면 타락한 인간은 하나님께 대한 사랑과 이웃에 대한 사랑 없이 '자기 사랑'이라는 이기심으로 가득하기 때문이다. 이런 존재에게 하나님을 사랑하고 이웃을 사랑하라는 명령은 억압으로 여겨질 뿐이다.

그런데 복음을 통해서 하나님의 사랑이 우리 안에 들어오면 율법이 억압이 아니라 즐거움이 된다. 하나님을 사랑하고 이웃을 사랑하는 것이 의무가 아니라 자유로운 행동이 된다. 그러므로 예수님께서 "진리를 알지니 진리가 너희를 자유롭게 하리라"(요 8:32)고 하신 말씀은 율법을 지키지 않아도 된다는 방종의 허락이 아니라, 율법을 싫어하는 심령이 율법을 즐거워하도록 변화시켜 주시겠다는 자유의 선언이라 할 수 있다.

한편 자율은 한자 自(스스로 자)에 律(법 율)로 "내가 스스로 법이 된다."라는 뜻이다.[17] 이것을 다른 말로 자기중심적 사고방식이라고 할 수 있다. 철학이 바로 여

---

17) 국립국어원에서 작성한 표준국어대사전은 자율이라는 단어가 철학적으로 자신의 욕망이나 남의 명령에 의존하지 아니하고, 스스로의 의지로 객관적인 도덕 법칙을 세워 이에 따르는 일이라고 정의한다.

기에 해당한다. 철학은 옛 아담의 태도처럼 하나님께서 정하신 법을 따르기보다, 자기 스스로 법이 되어 자기 방식대로 사는 원리를 정당하다고 주장하는 사고방식이다. 이것이 방종에 근접하는 원리다. 그래서 그들은 하나님의 말씀대로 하는 것을 고통스럽게 여긴다. 그들은 이렇게 자율적으로 자기 마음대로 살고, 자신이 법이 되는 것을 정당하다고 생각한다. 이것을 자유로운 삶이라고 생각한다. 그러나 이런 태도는 자유가 아니라 타락한 본성의 노예로 사는 것일 뿐이다. 이런 노예의 삶은 결국 이웃에게 악을 행하는 부작용을 계속 낳게 된다. 그러므로 철학자들은 수천 년 동안 이런 생각의 오류를 극복하기 위해 계속적으로 다양한 이론을 내놓을 수밖에 없었다. 철학이 지금도 계속 새로운 이론을 내놓는다는 것은 스스로 오류 가운데 여전히 길을 찾지 못하고 있음을 자백하는 것이라 할 수 있다.

모든 오류의 근본 해답은 성경이다

그렇다면 이러한 오류를 어떻게 극복할 수 있을까? 결국 방법은 하나밖에 없다. 하나님께로 돌아가는 것, 이것이 유일한 방법이다. 성경은 완성된 하나님의 계시로서 모든 오류의 근본 해답이다. 건전한 기독교 신학자들도 새로운 견해를 제시하지만 결국은 성경의 경계를 벗어나지 않는다. 신학은 진리를 명확하게 하는 데 초점이 있지 새로운 진리를 제시하는 데 있지 않다. 철학은 오류를 극복하기 위하여 사람 중심의 관점으로 여러 견해를 산발적으로 제시하지만 기독교는 하나님의 말씀인 성경만을 유일한 해답으로 제시한다. 이것이 기독교, 곧 신학과 철학의 근본적인 차이다.

기독교 세계관의 출발점: 하나님 사랑

성경적 세계관의 출발점은 어디에 있는가? 성경적 세계관은 언제나 하나님 사랑을 전제로 출발한다. 우리가 진정으로 이웃을 사랑하는 방법은 하나님 사랑을 기초로 할 때이다. 하나님 사랑을 전제로 하지 않는 사랑은 사실 사람을 미워하는 것이다. 왜곡된 사랑이다. 성경에도 "매를 아끼는 자는 그의 자식을 미워함이라 자식을 사랑하는 자는 근실히 징계하느니라"(잠 13:24)라고 가르친다. 이는 하나님 말씀으로 자식을 사랑할 때 비로소 참되게 사랑할 수 있다는 뜻이다. 그렇지 않은 사랑은 왜곡된 사랑이 된다. 사람 중심의 사고방식을 가진 사람들은 이를 전혀 이해하지 못한다.

나는 예전에 전철을 타면서 아주 끔찍한 광경을 목격했다. 당시 전철에서 한 어린아이가 떼를 쓰며 울었다. 이 모습을 본 그 아이의 엄마는 아이에게 "떼쓰지 말라고 얘기했잖아."라고 꾸짖었다. 그러자 분을 참지 못한 아이는 엄마의 뺨을 짝- 소리가 나도록 때렸다. 그때 그 아이는 아마도 다섯 살 정도로 보였다. 나는 그 아이 엄마가 자녀를 바르게 사랑하지 못하고 있다는 생각을 했다. 자녀를 너무 왜곡된 사랑으로 키운 것이다.

우리는 자녀를 사랑해야 한다.
그러나 사랑의 방법은 어디까지나 하나님의 말씀에 합당한 양육이다.

왜 우리가 동성애를 반대하는가? 동성애자들을 사랑하기 때문이지 미워해서가 아니다. 우리는 동성애자들이 동성애라는 죄에게 고통받고 있다는 것을 안다. 그러므로 그 죄로부터 해방되도록 돕는 것이 사랑이라고 본다. 그리고 제2

의 피해자가 나오지 않도록 하기 위해서다. 왜 법을 어기는 사람에 대해 법적으로 엄격하게 처리해야 한다고 말하는가? 그들을 미워해서가 아니다. 불법을 관용하면 질서가 무너지고 이후에는 나라 전체가 무너진다. 우리는 나라를 좁게 사랑하기보다 넓게 사랑하는 방법을 알아야 한다. 나무를 살려도 숲이 망가지면 아무 의미가 없듯이 말이다.

혹시 철학적 사고에 깊이 빠져서 있다면 앞서 말한 것들을 도무지 사랑으로 받아들이기 어려울 것이다. 기독교 세계관은 이웃 사랑을 더 넓고 더 깊게 하도록 가르친다. 비록 지금은 우리가 그들을 사랑하지 않는 것처럼 보일지도 모르지만 그것이 결국 참된 사랑임을 시간이 알려줄 것이다.

하나님 중심의 세계관은 인간 중심의 세계관과 계속 충돌을 일으킨다. "인간 중심의 관점에서 사랑"과 "하나님 중심의 관점에서 사랑"은 결단코 일치할 수 없다. 같은 사랑이라는 용어를 사용하지만, "하나님 사랑을 전제로 할 것인가?" 혹은 "사람 사랑을 전제로 할 것인가?"에 따라 해석은 천지 차이로 달라진다.

예를 들어, 남편이 퇴근 후 매일 집에 들어갈 때마다 장미꽃 한 송이를 입에 물고 아내에게 "사랑해"라고 고백하지만 아내에게 폭군처럼 행동한다면, 과연 이걸 참된 사랑이라고 말할 수 있을까? 오늘날 많은 젊은이가 이런 이벤트를 벌이고 해외여행을 다니며 추억 만드는 것을 사랑이라고 생각한다. 심지어 혼전 잠자리를 사랑이라고 하기도 한다. 그것이 어떤 결과를 초래한다 해도 말이다.

성경은 혼전 성관계를 분명하게 금한다. 이것을 사랑이라고 하지 않는다. 하나님 중심의 관점에서 결혼까지 인내하는 것을 사랑이라 한다. "사랑은 오래 참고 사랑은 온유하며 시기하지 아니하며 사랑은 자랑하지 아니하며 교만하지 아니하며"(고전 14:4). 반면 사람 중심의 관점에서는 자기 육신의 욕망을 채워주는 것을 사랑이라고 본다. 아마 오늘날 현대인에게 이런 얘기를 하면 "너무 고리타분한 것 아니냐?"라는 비아냥 섞인 말을 들을지 모르겠다. 그러나 어느 쪽이 좋은 결과를 냈는지는 역사가 이미 얘기해 주지 않는가? 그렇다면 하나님 사랑에서 출발하는 이러한 기독교 세계관이 어떤 유익을 줄까?

기독교 세계관의 유익 (1) : 이원론을 극복한다

첫째, 기독교 세계관은 이원론Dualism을 극복한다.

플라톤은 모든 것을 다 이분법적으로 봤다. 흑과 백을 분명하게 나누며 얘기했다. 반면 기독교는 이원론적이지 않고 오히려 일원론적이다. 교회는 세상과 '구별區別'되지만 '구분區分'되는 건 아니다. 예수님은 "너희가 세상에 빛이니까 산속에 들어가 살아라.", 혹은 "너희들은 거룩하니까 까마귀하고 놀지 마라. 너희들은 백로잖아."라고 말씀하지 않으셨다. 도리어 제자들에게 "세상 속의 소금"(마 5:13)이며 "세상 속의 빛"(14)이라고 말씀하셨다.

동양의 불교도 이원론의 영향을 받은 대표적인 종교다. 그래서 세상을 등지고 자기 책임을 외면한 채 산에 들어간다. 그러나 기독교는 세상 속에 철저히 파고들어서 우리의 책임을 다하고 하나님의 영광을 드러내어 어둠을 밝힌다. 이것이 기독교가 말하는 세계관이다.

기독교는 이원론을 극복한다. 로마 가톨릭과 개신교의 차이도 여기서 비롯된다. 로마 가톨릭은 불교와 마찬가지로 "성"sacred과 "속"profane을 나눈다. 종교적인 영역은 거룩하고, 종교적인 영역 밖은 부정하다고 주장한다. 그래서 세상에 관심을 갖지 않는다. 반면 개신교는 그렇게 말하지 않는다. (비록 구약 시대에는 그렇게 했을지라도) 신약에서 예수님은 부정한 사람을 멀리하거나 피하지 않으시고, 도리어 부정한 사람을 만져서 거룩하게 하셨다(마 9:20; 눅 18:15; 22:51). 세상과 구별된 삶을 가르치지만, 세상에 책임 있는 삶을 가르치셨다. 개신교는 하나님께서 창조하신 모든 것은 복음으로 거룩하게 되어야 한다고 본다. 주님은 거기서 복음이 무엇인가를 알려주신다. 우리는 여기서 기독교 세계관을 배운다. 그리스도인은 세상의 빛이기 때문에 세상으로 담대하게 나아가서 어둠을 물리쳐야 한다. 부정해진 세상을 외면하는 것이 아니라 거룩하게 경작해야 한다. 이처럼 기독교는 플라톤의 이원론과 완전히 다르다.

기독교 세계관의 유익 (2) : 이신론을 극복한다

둘째, 기독교 세계관은 이신론Deism을 극복한다.

이신론은 하나님께서 만물을 창조하셨으나 피조계에 더 이상 관여하지 않으시고 구경만 한다고 보는 견해이다. 한자로 "이신"理神은 아주 좋은 번역이다. 理(이치 이)에 神(신 신), 곧 이치(이성적 합리성)가 신이 된다는 뜻이다. 즉, 인간의 이성과 합리성에 신적 권위를 부여할 수 있다는 생각이다.

반면 기독교 세계관은 하나님께서 언제나 역사 속에 개입하심을 믿는다. 하나님께서는 지금도 이 세상을 움직이시고, 또 택한 자들에게 믿음을 주셔서 구원하시며, 또 세상의 역사에 간섭하셔서 악을 억제하신다. 이것이 기독교 세계관에 따른 섭리의 올바른 이해이다. 신자는 세상을 살아갈 때 의미 없이 떠내려가지 않고 하나님의 능력으로 거슬러 올라간다. 신자는 자기 능력이나 이성만을 의지하지 않고 하나님의 능력으로 살아간다. 이것이 기독교 세계관이다.

기독교 세계관의 유익 (3) : 허무주의를 극복한다

셋째, 기독교 세계관은 허무주의를 극복한다.

허무주의가 등장하게 된 원인은 하나님의 존재를 부정했기 때문이다. 신학자, 수학자, 철학자로 알려진 파스칼Blaise Pascal은 다음과 같은 말을 남겼다.

> (사람의 마음에 있는) 이 갈망과 무력함은 한때 사람에게 진정한 행복이 있었으나 지금은 빈 공간과 윤곽만 남았음을 선언하는 것 외에 무엇이겠는가? 이 무한한 심연은 무한하고 불변하는 대상으로만 채워질 수 있기 때문에 주변에 있는 모든 것으로 채우려는 건 헛수고이다. 이곳은 오직 무한하고 불변하는 대상, 즉 하나님 자신으로만 채워질 수 있다.[18]

이에 따르면, 사람의 마음에는 하나님의 무한으로만 채울 수 있는 공간이 있다. 그런데 세상의 유한으로 이 공간을 채우려다 보면 블랙홀 현상이 발생한다. 사람이 돈을 아무리 벌어도 만족하지 못하고 쾌락을 아무리 누려도 만족하지 못하는 현상이 나타난다는 것이다. 이는 마치 밑 빠진 독에 물 붓기와 같다. 사람은 욕심을 부리면 부릴수록 더 심해진다. 가령 목이 마르다는 이유로 바닷물을 계속 마시면 목이 더 마르는 것과 같다. 이것은 무한하신 하나님을 진정으로 인정하지 않고 그분을 영접하지 않을 때 일어나는 현상이다.

혹시 왜 우리가 복음을 전해야 하는지 아는가? 단순히 지옥에 가는 그들이 불

---

18) Blaise Pascal, *Pensees and other Writings, Trans, Honor Levi* (Oxford: Oxford University Press, 1995.) 52. 물론 사람의 마음에 "하나님 모양의 빈 공간"(God-shaped vacuum)이 있음을 아우구스티누스도 『고백록』(confession)에서 어렴풋이 말했다. "주님, 주께서는 주를 위해 우리를 만드셨습니다. 우리의 마음은 주께로 돌아갈 때까지 쉴 수 없습니다." Augustine, Confessions, trans, Henry Chadwick (Oxford: Oxford University Press, 1991), 3. 그러나 이 주장을 구체적으로 언급한 사람은 파스칼이다.

쌍해서인가? 물론 틀린 말은 아니다. 하지만 한편으로는 이 땅의 사람들이 생수를 놔두고 계속 바닷물로 갈증을 해소하려는 그 모습이 너무 안타깝기 때문이기도 하다. 우리는 그들을 불쌍히 여기고 복음을 전해야 한다. 주님은 "내가 주는 물을 마시는 자는 영원히 목마르지 아니하리니 내가 주는 물은 그 속에서 영생하도록 솟아나는 샘물이 되리라"(요 4:14)라고 말씀하셨다. 우리는 기독교 세계관으로 세상 것으로 해소하지 못하는 갈증에 대한 유일한 대안을 제시해야 한다.

기독교 세계관의 유익 (4) : 세속주의적 세계관을 극복한다

넷째, 기독교 세계관은 세속주의적 세계관을 극복한다.

오늘날 현대인들은 세속주의적 세계관 혹은 철학적 세계관에 매몰됐다. 오늘날 기독교가 힘을 못 쓰는 이유는 기독교가 유약해서가 아니다. 복음을 몰라서 그렇다. 어느 시대든지 기독교는 세속주의를 항상 극복해 왔다. 교회사를 보면 항상 이 세속주의와 싸워서 이긴 쪽은 기독교였다.

우리는 기독교 세계관을 다시 재정립해서 야수와 같이 세상 속으로 뛰어들어 세상을 변화시켜야 한다. 역사적으로 언제나 세상을 변화시켰던 그 중심에는 야성적인 기독교가 있었다. 이 세상의 쾌락과 철학을 우상으로 삼고 길 잃은 많은 자에게 우리는 성경이 말하는 세계관을 제시해야 한다. 이를 통해 우리는 세속화된 한국교회가 이를 극복할 뿐 아니라 오히려 세상을 변화시키는 놀라운 역사를 기대할 수 있어야 한다.

기독교 세계관의 기본 구조

04
기독교 세계관의 기본 구조

창조 - 타락 - 구속

　기독교 세계관의 기본 구조는 창조Creation - 타락Corruption - 구속Redemption이다. 이는 그리스도인이 세계를 바라보는 세 가지 기본 관점 혹은 전제로도 이해할 수 있다. 자세히 말하면 우리는 하나님께서 창조하셨다는 전제로 세상을 바라본다. 또 아담의 불순종 이후 세계가 타락의 상태라는 전제도 갖는다. 또 우리는 세상이 타락했지만 구원자이신 그리스도의 죽음, 부활, 승천으로 죄와 사망의 권세에 대해 이미 승리했다는 사실과 장차 주의 재림으로 구원이 완성되리라는 믿음으로 세상을 바라본다. 따라서 그리스도인은 성경이 가르치는 하나님의 구속 역사, 곧 〈창조 - 타락 - 구속〉이라는 기본 개요에 근거하여 세상의 과거와 현재 그리고 미래를 해석하며 전망한다.[19]

기독교 세계관은 성경에 근거한 유신론이다

기독교 세계관은 하나님께서 태초에 만물을 무에서 유로 창조했다는 관점을 갖는다. 이에 따라 기독교는 성경에 근거하여 유신론, 곧 가장 참된 실재이며 최초의 존재를 오직 하나님으로 이해한다. 하지만 기독교가 유신론, 즉 "오직 신만이 존재한다."라고 말할 때 항상 '신의 존재 여부'에만 초점을 둔 건 아니다. 오히려 '어떤 신인가'에 더 초점을 맞췄다. 왜냐하면 오직 하나님만이 존재한다고 해도 "어떤 하나님인가"를 규정하지 않으면 우상숭배로 빠질 수 있기 때문이다. 따라서 기독교는 유신론을 말하지만 단순한 하나님의 존재 유무보다 "어떤 하나님인가"에 더 큰 관심을 둔다.

기독교 세계관에 대한 도전 (1) : 유물론^{Materialism}과 진화론^{Evolutionism}

오늘날 진화론자들과 유물론자들은 "물질에서 출발하여 세계가 만들어졌다."라고 주장한다. 물질로부터 세상을 창조하는 신은 '우연'이다. 세상은 우연의 섭리에 의해 진화하여 세계가 만들어졌다고 본다. 이 관점은 결국 하나님의 창조

---

19) "창조, 타락, 구속"이라는 기독교 세계관의 세 가지 주제는 아브라함 카이퍼(Abraham Kuyper) 이후 헤르만 도예베르트(Herman Dooyeweerd)에 의해 체계적으로 정립됐다고 볼 수 있다. 이에 자세한 내용을 담은 그의 저작으로 Herman Dooyeweerd, *A New Critique of Theoretical Thought*, Vols. 4, trans. David H. Freeman and William S. Young (Phillipsburg, N. J. : Presbyterian & Reformed, 1969)을 보라. 아울러, 성경 전체를 아우르는 주제들로 설명하는 저서로는 Albert M. Wolters, *Creation Regained: Biblical Basics for a Reformational World-view* (Grand Rapids: Eerdmans, 1985)을 참고하라.

적 세계관을 부정하는 결과를 초래한다. 따라서 이 세상의 기원이 "하나님의 창조인가?"와 "자연발생적 진화인가?"는 서로 양립할 수 없는 전제이고, 이들 사이에는 지금도 맹렬한 싸움이 계속되고 있다.

유물론Materialism에서 "유"는 有(있을 유)가 아닌, 唯(오직 유)이다. 이 용어는 "세상의 근원이 되는 실재는 오직 물질이다."라는 의미이다. 유물론자들은 '영적인 것'이 존재할 수 있다는 사실을 도무지 받아들이지 못한다. 그들은 결국 "모든 것이 물질에 의해 생긴다."라는 개념을 갖는다.

유물론적 세계관을 갖게 되면, 자연히 진화론으로 세상의 기원을 이해하게 된다. 유신론적 진화론Theistic Evolution이 성경적이지 않은 이유도 여기에 있다. 유신론적 진화론자들은 표면적으로 "하나님께서 물질을 창조하셨다"라고 말한다. 하지만 창조된 물질이 점진적인 진화를 통해 동물을 거쳐 사람이 됐다고 이해할 경우, 이들이 주장하는 하나님은 성경의 하나님이 아닌 '우연'이라고 볼 수 있다. 이럴 경우 사람에게 도덕성을 강요해야 할 근본적 이유가 사라지게 된다. 본래 기독교에서 사람의 도덕성을 말하는 이유는 창조에 있어서 하나님의 형상이라는 전제에서 비롯된다. 이 전제가 무너지면 사람에게 도덕성을 요구할 수 있는 중요한 기반이 사라진다.

기독교 세계관에 대한 도전 (2) : 유심론Spiritualism

철학에는 유물론의 정반대인 유심론Spiritualism이 있다. 이는 세계의 근원을 오직 정신(관념)으로 이해하는 견해다. 헤겔G. W. F. Hegel은 태초에 세계에는 "세계정신"Geist만이 있었다고 주장했다. 더 자세하게 말하면 그에게 있어 세계정신은 한 방울의 마음이라고 볼 수 있는 "작은 정신"의 집합체이다. 그래서 이 작은 정신들이 큰 정신인 "세계정신"으로 합일될 때 그것을 구원이라고 생각했다. 이처럼 이들의 전제는 결국 정신이다. 오직 정신만 세계에 존재했다는 것이다.

유심론은 오늘날 현대 교회 안에 이미 많이 스며들었다. 예를 들어서, 불교에는 "모든 것은 오직 마음이 지어낸다."라는 뜻의 일체유심조一切唯心造라는 사상이 있다. 이 사상은 '믿음'과 혼돈스럽게 사용되고 있다. 흔히 그리스도인들이 "믿음대로 될 것이다!"라고 할 때, 이 고백을 자기 마음 중심에 두고 "내가 생각하는 대로, 내가 믿는 대로 하나님께서 이루어 주실 것"이라고 생각한다. 일체유심조 개념과 크게 다르지 않다. 이들은 심지어 성경을 인용하여 하나님의 뜻인 것처럼 포장한다. 하지만 그들에게 성경은 자기 마음에 있는 것을 합리화시키기 위한 도구일 뿐이다.

쉬운 예로, 사업을 시작하는 그리스도인이 "사업이 대박 터질 줄 믿습니다."라는 기도를 한다. 그런데 이 말을 잘 생각해보라. 사실 이건 자기 생각을 하나님의 뜻으로 둔갑시킨 유심론에 불과하다. 기독교 세계관은 자기 마음의 생각이 아니라, 하나님의 약속하신 말씀에 철저히 근거하여 그분의 뜻을 구하는 것이다. 똑같이 믿음을 말해도, 그 내용이 성경이 말하는 하나님의 뜻인지 혹은 자기 마음의 생각인지를 잘 파악해야 유심론과 기독교 세계관의 분별이 가능하다.

하나ㅡ와 전체全의 문제: 결국 답은 하나님이다

가장 최초의 존재가 물질인가?(유물론), 정신인가?(유심론), 아니면 신인가?(유신론)의 답이 왜 그렇게 중요한 걸까? 그 이유는 "하나로 전체를 어떻게 설명할 것인가"에 관한 철학적 문제와 관련되기 때문이다. 철학에서는 이를 "하나와 전체", 곧 "일(一)과 다(多)의 문제"라고 얘기한다.

이 문제는 사람의 인생사와도 밀접하게 연결된다. 어떤 사람은 "돈(하나)만 많이 벌면 모든 문제(전체)를 다 해결할 수 있어!"라는 생각을 가지고 일평생 돈 버는 일에만 집중하며 산다. 그런데 노년에 그가 인생을 돌이켜보니 "돈으로 안되는 게 있구나. 돈으로 가족들의 행복을 살 수가 없구나. 돈으로 사랑하는 사람의 건강을 회복시켜 줄 수도 없고, 돈으로도 안 되는 게 생각보다 많구나."라는 사실을 깨닫게 된다.

어떤 사람은 "권력(하나)이면 돼! 권력으로 모든 걸(전체) 다 해결할 수 있어!"라고 생각했는데 훗날에 권력으로 안 되는 것들을 발견한다. 권력으로 행복을, 건강을, 사람 마음을 보장받지 못한다. 이처럼 철학에서도, 또 사람의 인생에서도 "어떤 하나(一)가 전체(多)를 해결할 수 있는가"에 대한 해답은 좀처럼 찾아내기가 어렵다. 철학이 유심론과 유물론이라는 두 견해를 두고 헤아릴 수 없는 논쟁과 학설들을 만들어 냈다는 역사적 사실들이 이를 잘 보여주지 않는가?

유심론으로 전체를, 유물론으로 전체를
결코 해석할 수도, 해결할 수도 없다.

그렇다면 하나(一)와 전체(多)의 문제는 인류에게 영원토록 풀리지 않는 숙제에 해당할까? 그렇지 않다. 이를 인류 역사상 유일하게 해결하신 분이 계시다. 바로 삼위 하나님이시다. 왜냐하면 만물의 모든 것을 하나님께서 친히 창조하셨기 때문이다. 사람이 인생사에서 겪는 모든 일은 다 하나님의 피조물 속에서 그분의 섭리로 일어난다. 따라서 하나님이 인류 역사에 있어서 모든 문제(問)의 궁극적인 정답(一)이 되신다. 그런데 사람들은 꼭 하나님을 빼놓고 다른 곳에서 해답을 찾으려 한다. 그러다 보니 해답을 찾기는커녕 문제만 커진다.

정답은 결국 하나님이다.
하나님께로 돌아가는 것이 모든 문제에 관한 참된 답이다.

인식론의 답은 성령의 조명이다

앞서 언급한 유물론, 유심론, 유신론은 결국 실재론에 관한 논쟁이다. "참으로 실재하는 것이 무엇인가?"라는 질문에 답을 얻기 위해 내놓은 철학의 여러 견해다. 그리고 이에 대한 답을 내렸다면 (물론 참된 실재가 오직 하나님이라는 답을 내렸다면) 이어서 관심을 가져야 하는 것이 '인식론'이다.

"참으로 존재하는 분을 어떻게 인식할 것인가?" 이 문제에 대한 답은 또 세 가지로 갈라진다. 먼저 철학은 인식론에 대한 답으로 한편은 이성주의, 다른 한편은 경험주의를 말한다. 반면 철학과 달리 기독교는 이성주의와 경험주의를 말하지 않고 성령의 조명을 말한다.

물론 여기서 성령의 조명은 사람의 이성과 경험을 완전히 배제하는 게 아니다. 항상 기독교 신비주의자들은 "직통 계시만 받으면 돼!"라는 식의 주장을 펼쳐왔다. 하지만 그들은 사람의 이성과 경험도 하나님께서 주신 인식의 수단임을 완전히 간과했으며, 또 하나님의 계시가 종결되었다는 사실에 대해서도 전혀 성경적으로 이해하지 못한다. 즉, 오늘날 성령께서는 직통 계시가 아닌 성령의 조명을 통해 사람의 이성과 경험이 올바로 사용하여 하나님을 바르게 인식하도록 이끄신다.

타락 이후로 사람의 이성과 경험을 통한 해석에는 오류가 일어난다. 대표적인 예로, 학교에서 함께 생활하는 학생들을 보면 똑같은 경험을 하고 또 이성을 통해 같은 학문을 배우지만 서로 다른 해석을 하는 모습을 발견할 수 있다. 모든 학생이 같은 수업을 똑같이 집중해서 잘 들어도 시험 점수는 똑같지 않다. 이는 인간의 경험과 이성에 불완전함과 오류의 여지가 있음을 여실히 보여준다.

오늘날 신학교에서의 신학 교육에 있어서도 마찬가지다. 아무리 탁월한 이성이라 할지라도 이성만으로는 교리를 아무리 배워도 상당한 문제가 발생하곤 한다. 왜냐하면 타락한 사람의 이성 자체는 배운 지식을 해석하는 일에 오류를 일으킬 수밖에 없기 때문이다. 경험도 마찬가지다. 하지만 사람의 이성과 경험이 이렇게 불완전할지라도 성령께서는 조명을 통해 바른 인식으로 교정하신다.

예를 들어, "나는 왜 이렇게 가난하게 살았을까? 나는 왜 이렇게 힘들게 인생을 살았을까?"라는 질문에 대해 사람들은 종종 과거의 경험을 잘못 해석하여 타인의 잘못으로 치부하고 끝없는 원망의 늪에 빠지곤 한다. 그런데 성령께서 그 경험을 조명해주시면 "아! 하나님께서 나를 사랑하셔서, 나를 단련하시려고 그렇게 하셨구나!"라는 경험에 대한 새로운 인식이 발생한다. 또 무엇을 배우더라도 이성만으로는 오류에 빠질 여지가 많다. 그러나 성령께서 이성에 조명해주시면 배운 것들에 대한 올바른 해석이 이루어진다.

참된 실재에 대한 올바른 인식은
성령께서 사람의 이성과 경험을 조명해주실 때에 가능한 것이다.

05

성선설과 성악설의 문제점

05
성선설과 성악설의 문제점

성선설性善說의 문제점: 모든 사람은 선하게 태어난다?

동양의 철학자 중 성선설을 주장한 대표적인 학자는 맹자孟子다. 그는 모든 사람이 선천적으로 선善하다고 주장했다. 그러나 그의 성선설에는 문제점이 있다. 모든 사람은 선하게 태어나는데 왜 사람은 죄를 짓는가? 이에 대해 맹자는 "원래 모든 사람이 선하게 태어나지만 가정환경이나 사회 구조, 혹은 국가의 제도로 인해 악해졌다."라고 답한다. 언뜻 이런 대답은 그럴싸해 보인다. 하지만 성선설적 사고는 반드시 모든 악의 문제를 "남 탓(환경 탓)"으로 돌리게 된다. 성선설은 "나는 본래 선한 존재야"라는 전제를 가지므로 내 삶의 모든 불행과 악의 원인을 꼭 외부에서만 찾을 수밖에 없다. 이것이 바로 공산주의 유물론에 물든 사람들의 특징이다.

예전에 로빈 윌리엄스Robin Williams와 맷 데이먼Matt Damon이 주인공으로 나왔던 〈굿 윌 헌팅〉(Good Will Hunting)이라는 오래된 영화가 있었다. 여기서 데이먼은 탁월한 수학적 재능을 가졌으나 불우한 환경에서 살아왔고 이로 인해 자신의 인생이 불행하게 됐다고 비관한다. 윌리엄스는 이런 그를 눈물로 품어주면서 다음과 같은 말을 반복한다.

"그건 네 잘못이 아니야... 그건 네 잘못이 아니야... 그건 네 잘못이 아니야..."

(It's not your fault... It's not your fault... It's not your fault)

이는 영화의 명대사 중 하나로 손꼽힌다. 하지만 이 대사는 아주 위험스러운 사고를 반영한다. 왜냐하면 불행한 인생을 살게 된 책임이 자신에겐 전혀 없고 오직 다른 사람과 환경에만 있다는 성선설의 사고이기 때문이다.[20] 과연 이 청년의 인생이 이렇게 된 것이 다른 사람과 환경만 문제일까? 자신에게 어떤 책임도 없을까?

성악설性惡說의 문제점: 악은 교육으로 해결된다?

성선설과 정반대인 성악설도 있다. 성악설을 주장한 동양의 대표적인 철학자

---

20) 기독교 역사에서는 펠라기우스가 이러한 성선설을 주장했다. 그도 모든 사람이 선하게 태어났다고 생각했다. 따라서 그도 사람이 저지른 악과 죄의 책임을 자연스럽게 주변 환경으로 돌렸다. 이게 바로 성선설과 오늘날 유물론자들의 사고이다. 그들은 항상 사회 구조, 가정의 환경, 국가의 제도를 탓한다.

는 순자(荀子)이다. 성악설은 언뜻 기독교의 성경적 가르침과 유사해 보일지 모른다. 왜냐하면 성경이 인간의 전적인 타락을 가르치는 것과 유사해 보이기 때문이다. 하지만 순자의 성악설은 기독교가 말하는 악의 개념과 전혀 다르다. 표면적으로만 본다면 순자의 "인간의 본성은 악하다."라는 표현은 기독교와 흡사해 보이지만 그는 악에 대한 해결책으로 교육, 학문적 수양 혹은 훈련을 제시한다. 어쩌면 사람의 본성이 악하다는 전제만큼은 기독교와 유사해 보인다. 그러나 악에 대한 성경의 개념과 해결책은 근본적으로 다르다. 성경은 악이 교육과 훈련이 아닌 오직 은혜로만 해결된다고 가르친다. 아울러 순자의 성악설은 성경적이지도 않을뿐더러 잘못된 가설임이 실천적으로도 확인된다. 한번 당신의 주위를 둘러보라. 교육과 훈련을 많이 받은 사람이 정말 더 선한가? 또 선하게 변하고 있는가?

선악은 행위 이전에 관계의 문제다

선과 악의 개념은 중요한 전제다. 성경에서 선과 악에 관한 문제는 근본 행위가 아닌 관계의 문제이다. 하나님과의 관계가 근본적으로 깨어졌으므로 사람이 전적으로 타락했다는 것은 단순히 도덕성의 문제가 아니다. 그래서 도덕성을 개선하려는 훈련이나 교육만으로는 악을 해결할 수 없다. 오늘날 교회조차 "교인들을 반복해서 교육하면 언젠가 좋은 열매가 나올 거야."라고 주장하는 경우가 있는데 이는 성경이 아닌 순자의 관점(성악설)에서 나오는 사고다.

죄(혹은 악)는 윤리 이전의 문제다. 윤리는 오히려 죄의 결과에 해당한다. 위키백과에서는 "죄는 규범이나 윤리에서 어긋나거나 그에 반하는 행위를 말한다. "[21]라고 설명한다. 이것이 세상의 정의이다.

그러나 〈웨스트민스터 소요리문답 제14문〉은 "죄란 하나님의 법을 순종함에서 부족하거나 혹은 어기는 것이다."라고 정의한다. 성경적으로 죄는 하나님의 뜻에 미치지 못하는 것이다. 성경에서 헬라어로 죄는 "하마르티아"(ἁμαρτία)인데, 이는 과녁에 못 미치거나 과녁을 벗어났다는 뜻이다.[22] 즉 하나님에 대한 사랑, 여기서 벗어날 때 죄가 된다.

우리는 여기서 출발해야 한다. 하나님을 사랑하지 못하기 때문에, 하나님과 원수 관계이기 때문에, 하나님의 뜻에 못 미치거나 하나님의 뜻에서 벗어난다. 따라서 죄에 빠지지 않기 위한 근본적인 전제는 하나님과의 관계 회복, 곧 하나님에 대한 사랑에서 출발해야 한다.

오늘날 교회 안에서 윤리 도덕, 교육, 훈련만을 강조할 때, 문제가 여기서 비롯된다. 참으로 실재하시는 하나님을 만나고 그분을 인식하게 되면 그 사람의 윤리 도덕은 자연히 뒤따라온다. 그런데 우리는 자꾸 이걸 역순으로 접근한다. 이게 전형적인 인본주의적 접근이다. 우리가 윤리를 많이 행하면 구원을 얻을 수 있다고 생각한다. 이건 비非성경적이다.

성경의 관심은 항상 죄인이 하나님을 만나도록 하는 데에 있다. 타락한 사람은 하나님과 원수 관계에 있으므로 죄가 무엇인지를 분간하지 못한다. 그러므로 복음은 무엇이 죄인지 아닌지를 분별하도록 하는 것이 전제이다.

전제가 무너지면
결단코 아무런 해결책을 얻지 못한다.

---

21) https://ko.wikipedia.org/wiki/%EC%A3%84

22) 이 단어가 "과녁을 놓치다"(to miss the mark)의 어원을 가지며, 또 이에 관한 용례와 설명으로 Moisés Silva, Ed., *New International Dictionary of New Testament Theology and Exegesis*, Vol 1, (2014), 255-256을 보라.

기독교와 이방 철학의 차이: 악[Evil]의 전제

악(Evil)은 근본적으로 선 자체이신 하나님으로부터 떨어져 나간 상태다. 이를 해결하지 않고 윤리만을 바꾸는 건 별 의미가 없다. 이것은 마치 오염된 물의 근원을 간과하고 외부의 물만을 정화하려는 노력과 같다. 오염된 근원에서 나오는 물은 당연히 더러울 수밖에 없다. 결국 더러운 물이 나오지 않도록 하려면 근원을 정화해야 한다. 세속 철학은 이러한 근원, 곧 전제를 무시한다. 그들은 "어떻게 인간은 자력으로 선해질 수 있는가? 또 하나님처럼 될 수 있는가?"만 묻는다. 그들은 하나님과의 관계라는 근원, 즉 전제에 무관심하다.

그러나 복음은 이 전제를 바꾸도록 다그친다. 악의 근본적인 해결책이며 선 자체이신 하나님과의 관계, 이 관계가 먼저 회복되어야만 윤리적 삶도 뒤따른다. 이것이 기독교와 이방 철학이 악을 해결하는 방식의 차이다.

가치론에서 윤리학과 미학: 실재에 대한 인식의 외적 반응

철학에서 실재론은 인식론으로, 또 인식론은 가치론으로 이어진다. 가치론은 사람이 인식한 것에 대한 외적 반응으로 윤리학과 미학이 여기서 다루어진다. 윤리가 인식에 대한 외적 반응이라는 점은 어떤 사람의 윤리를 통해 그 사람이 대상에 대해 어떤 인식을 가졌는지 확인할 수 있다는 뜻이다. 특정 사람의 가치론에 해당하는 윤리를 확인하면 그 사람이 어떤 식으로 인식하고 있는지 또 이를 통해 실재론(참으로 실재하는 것을 무엇이라고 생각하는지)까지 간파할 수 있다. 윤리는 "어떤 존재를 참으로 실재하는 존재로 보고 있는가?"를 검증할 수 있는 근거다. 예수님도 "그들의 열매로 그들을 알리라"(마 7:20)고 말씀하셨다.

윤리뿐 아니라 미학도 마찬가지이다. 예를 들어, 어떤 사람이 락Rock이나 뉴에이지New Age로 "나는 예수님을 믿어요. 정말 하나님을 사랑해요."라는 가사의 찬양을 부른다고 치자. 그러면 우리는 음악 선율의 외적인 화려함과 가사에 매료되어 그것을 마치 올바른 찬양처럼 여기곤 한다. 그러나 미학적 관점에서 볼 때 락은 성행위를 강화하기 위해, 뉴에이지는 신비적 명상을 위해 만들어진 음악이다. 그 외에 힙합이나 테크노도 모두 인간의 타락한 본성(마약과 환각을 즐기려는 본성)을 자극하려고 만들어진 음악이다. 따라서 그들이 "이런 음악으로 하나님을 찬양하는 게 너무 좋아!"라고 말한다면 우리는 다시 그들에게 이런 질문을 던져야만 한다.

"당신이 인식하는 하나님, 또 참으로 존재한다고 생각하는 하나님은
  도대체 어떤 하나님인가?"

대다수 성도에게 발견되는 흥미로운 점은 "내가 하나님을 사랑한다."라고 말하지만 그 하나님이 정작 어떤 분이신지에 대해 불분명하다. 성경은 참으로 실재하시는 하나님을 참되게 인식한 사람에게 나타나는 외적 반응을 몇 가지 제시한다. 먼저는 거룩이다. 그리고 경외함과 이웃 사랑이다.

만일 성도에게 거룩의 삶도 없고 하나님에 대한 경외감도 없으며 이웃 사랑에 대한 어떤 실천적 노력도 나타나지 않는다면, 그가 인식하는 하나님은 적어도 성경이 가르치는 하나님이 아닐 가능성이 매우 농후하다. 이처럼 실재론, 인식론, 가치론의 접근 방식은 우리가 참으로 인식하는 하나님이 누구인지를 확인하는 데 도움을 준다. 외부에 나타난 열매, 곧 윤리나 미학적 행위를 통해 우

리는 그 사람의 인식론과 실재론을 검토할 수 있다.

미학은 음악뿐 아니라 미술도 포함한다. 어떤 이들은 "하나님을 춤으로 섬길 수 있다."라고 생각한다. 성경에서 이런 미학적 접근은 "금송아지 사건"(출 32장)에서 나타난다. 이는 하나님을 춤추며 유흥의 방식으로 섬길 수 있다는 하나님에 대한 인식의 문제였다.

그러나 하나님은 결단코 그렇게 섬길 수 없다. 오히려 하나님을 어떻게 섬겨야 하는가는 모세를 통해 나타난다. 그는 시내 산에 올라가서 참으로 실재하는 분을 만나고 인식했다. 그리고 인식한 뒤 십계명 돌판을 들고 내려왔다. 즉, 모세도 참된 실재이신 하나님을 인식한 뒤, 그 결과로 가치론으로서 십계명을 받은 것이다. 이처럼 윤리학과 미학은 참된 실재에 대한 인식의 외적 반응에 속한다.

영지주의와 기독교의 차이: 신적 본질이 어디에 있는가?

종교개혁자 칼빈(Calvin)은 "하나님을 알지 못하면 자신을 알 수 없다."라고 했다.[23] 이처럼 기독교 인식론에서는 하나님을 알아야 사람 자신을 알 수 있다.

그러나 영지주의자들은 정반대를 주장한다. 오히려 그들은 "나를 아는 만큼 내가 신이 된다."라고 생각한다. 양자의 근본적인 차이는 "신적 본질(Divine Nature)이 어디에 있는가?"의 답에서 발견된다.[24]

---

23) 기독교강요 I .1.2.

24) 필(Peel)은 영지주의자의 문헌에서 실현된 종말론으로서 구원하는 지식(saving knowledge)을 수용하므로 신적 본성(Divine Nature)을 완전하게 깨닫는 것이 가능하다는 기록이 발견된다고 주장한다. M. M. Peel, "Gnostic Eschatology and the New Testament", *Novum Testamentum 12* (1970), 151.

기독교 인식론에서는 이를 오직 하나님께만 속한 것으로 이해하고, 하나님을 기준으로 '내가 이렇게 타락한 존재였구나.'라는 사실을 깨닫는다. 반면 영지주의Gnosticism 혹은 유심론Mentalism은 사람 자신에게 신적 본질이 있으므로 사람이 신(God)이 된다고 이해한다. 그래서 후자는 항상 명상이나 체험을 중요시한다.

성경적 기독교는 결단코 명상이 아니다. 로마 가톨릭이 말하는 관상기도contemplation도 사실은 명상의 일종이다. 관상의 기원은 주후 2세기 교부였던 오리겐Origen에게 발견된다.[25] 그는 당시 영지주의와 신플라톤주의의 영향을 받았다.[26] 이 영향이 오리겐을 거쳐 로마 가톨릭에 침투했고 이런 영지주의와 신플라톤주의의 사상으로 성경의 용어를 정의하기에 이르렀다. 그들은 용어 자체를 우리와 똑같이 사용하지만 개념이 명백하게 다르다. 엄밀히 말해, 로마 가톨릭은 플라톤주의, 신플라톤주의, 아리스토텔레스의 철학을 혼합하여서 그걸로 하나의 종교적 체계를 만들었다. 오늘날 많은 신학자가 로마 가톨릭을 이단이라기보다 이방 종교로 보는 이유가 여기에 있다.[27]

영지주의자들이나 신플라톤주의자들의 인식론, 곧 '내가 어떻게 더 신에 가까워지고, 신과 합일할 수 있는가?'의 유심론적 생각은 성경에서 분명하게 죄에 해당한다. 이는 뱀이 하와에게 선악을 알게 하는 나무의 실과를 먹으면 "하나님처럼 될까 하노라"라고 했던 사고의 연장선에 있다. 하와를 유혹했던 사탄은 지금도 사람들에게 하나님처럼 될 수 있다고 끊임없이 속삭인다. "네가 하나님이라는 것을 깨달으라!" 이게 바로 영지주의자들이 말하는 영적 지식, 즉 영지gnosis인 것이다.

---

25) 김남준, 『개혁신학과 관상기도』 (안양: 열린교회출판부, 2014), 17.

26) Ibid.

27) 로이드 존스는 『로마 가톨릭 사상평가』에서 가톨릭은 이방종교라고 했고, 윤병운 교수도 동일한 입장을 표방했다.

유물론과 유심론

06
유물론과 유심론

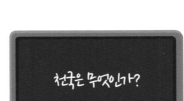

그리스도의 재림이 갖는 목적

오늘날 신자들은 "예수님께서 무엇을 위해서 오셨는가?"에 대한 질문에 대해 궁극적, 우주적 회복이라는 인식이 없다. 그저 개인의 구원, 나 자신의 천국 가는 문제만을 위해 예수님이 오셨다고 생각한다. 그 결과, 예수님에 대한 인식의 뒤틀림이 윤리의 왜곡으로 나타난다. 믿음으로 얻는 개인 구원만을 생각한 나머지 "이제는 군이 착하게 살지 않아도 된다."는 무율법주의적 사고나 혹은 "나의 구원을 윤리로 유지해야 한다."는 율법주의적 사고에 빠지게 했다.

앞서 다루었지만, 기독교 신앙에서 인식론은 굉장히 중요하다. 십계명의 1계명은 유일한 실재로서의 하나님(실재론)을, 2계명은 하나님에 대한 올바른 인식(인식론)을 가르친다. 그리고 '금송아지 사건'(출 32장 참고)이 암시하듯 인식의 오류는 필연적으로 가치론(윤리와 미학)의 오류를 낳는다.[28]

그렇다면 예수님께서 이 땅에 오신 참된 목적은 도대체 무엇일까?
그것은 궁극적으로 세상 전체를 회복하는 데 있다.

바울은 예수님을 "마지막 아담"(고전 15:45)이라 불렀다. 본래 첫째 아담은 문화명령, 곧 "생육하고 번성하여 땅에 충만하라. 다스리고 정복하라"는 명령을 따라 하나님 나라로서의 에덴동산을 온 땅에 확장해야만 했다. 그러나 그의 타락으로 온 땅은 에덴동산이 되지 못했을 뿐 아니라 도리어 가시덤불과 엉겅퀴를 내는 저주를 받았다.

그러나 그리스도께서는 마지막 아담으로 오셔서 경작자들(예배자들)을 재창조하셨고 그 경작자들로 첫 아담에게 목표했던 하나님 나라의 확장을 다시금 이루신다. 사람의 죄로 인해 타락한 이 세상이 이제는 그의 교회를 통해 하나님의 영광스러운 나라인 에덴동산으로 회복되기를 원하신다. 그래서 바울은 "피조물이 고대하는 바는 하나님의 아들들이 나타나는 것이니"(롬 8:19)라고 했다. 여기서 하나님의 아들들은 마지막 아담이신 그리스도를 통해 거듭나게 된 교회다. 피조물들이 교회를 통해 고대하는 것은 옛 아담과 후손들을 통해서 파괴되고 가시와 엉겅퀴로 가득한 온 세상의 완전한 회복이다. 이런 점에서 예수님의 재림이 갖는 목적은 우주적이며 거국적 회복이다.

----

28) 당시 백성들은 금송아지를 가리키며, "이는 너희를 애굽 땅에서 인도하여 낸 너희의 신이로다"(출 32:4)라고 말했다. 즉 그들은 하나님을 애굽의 신처럼 섬길 수 있는 분으로 인식했고, 이로 인해 왜곡된 가치론적 결과(왜곡된 윤리적 미학적 숭배)를 낳았다.

천국에 대한 이교도적 이해 (1): 유물론

오늘날 많은 그리스도인은 천국에 가서 소위 놀고먹으며 매일 같이 향락을 즐긴다는 상상에 빠진다. 그러나 천국에 대한 이와 같은 이해는 유토피아적이며 유물론적 사고의 결과물이다.

유물론자는 참된 실재를 물질로 생각하기 때문에 이들은 결국 물질의 완전한 회복을 목표로 한다. 그러므로 공산주의자(혹은 사회주의자)들은 사회구조의 유토피아를 꿈꾼다. 그러나 가시적이며 물질적인 것이 아닌 정신이나 영혼의 문제는 아주 가치 없이 취급한다. 이들에게 있어서 인간의 정신은 그저 호르몬 작용의 결과일 뿐이다. 신도 이런 호르몬 작용의 하나라고 본다. 이들은 물질, 체계, 조직, 구조 등을 강조하고 이를 통해 모두가 행복해질 수 있다고 생각한다. 그런데 물질을 통해 정말 사람이 행복해지고 있는가? 오늘날 물질의 풍요가 극대화된 현대 사회의 자살률이 무엇을 보여주는가?

천국에 대한 이교도적 이해 (2): 유심론

유심론자들은 궁극적인 구원을 육신의 탈피로 이해한다. 육신을 완전히 벗고 완전한 이데아idea의 상태에 들어가는 게 그들이 말하는 천국이다. 그래서 이들은 육체를 학대하며 이 땅의 물질적인 것을 모두 거부한다. 이것은 불교의 세계관에서 나타나는 플라톤주의 이원론과 같은 유심론이다. 그런데 오늘날 기독교를 이런 식으로 이해하는 신자들이 많다. "예수 믿고 잘 먹고 잘 살자!"라는 구호는 유물론적 이해를 반영하고 "예수 믿고 우리 마음을 편안하게! 금욕으로 마음의 화평을 찾자."라는 구호는 유심론적 이해를 반영한다.

성경이 말하는 "새 하늘과 새 땅": 만물의 갱신

예수님은 육체(물질)만을 위해서도 아니고 영혼만을 위해 오실 분도 아니다. 예수님은 육체(물질)와 영혼 모두를 구원하기 위해 오신다. 하나님께서는 영혼과 육체를 모두 창조하셨기 때문에 궁극적으로 예수님의 재림을 통해 전인격적 구원을 이루신다. 그래서 기독교의 목표, 혹은 구원의 완성을 성경은 "새 하늘과 새 땅"(사 65:17; 벧후 3:13; 계 21:1)이라 표현한다.

새 하늘과 새 땅은 새로운 피조 세계로 들어간다는 뜻이 아니다. 실제로 오늘날 많은 신자가 이렇게 오해하지만 이렇게 이해하는 것은 논리적으로 볼 때 현재 하나님의 피조 세계를 전부 실패작으로 간주하게 돼버리며 마귀가 궁극적으로 목표로 한 피조 세계의 파괴가 성공한 것으로 이해될 수밖에 없다. 그러나 성경이 말하는 "새 하늘과 새 땅"은 이전에 만드신 모든 것을 다 폐기 처분하는 것(만유멸절설)이 아니다. 전에 것을 회복하시고 갱신하시는 것(만유갱신설)을 뜻한다.

새 하늘과 새 땅의 도래는
하나님의 피조 세계에 대한 완전한 회복을 통한 궁극적인 승리의 선언이다.

하나님께서는 이 일을 위해 교회를 선택하셨다. 그렇다고 해서 교회가 이 세상에 새 하늘과 새 땅이라는 유토피아 건설을 위해 혁명에 가담하라는 의미는 아니다. 또 영혼 구원만을 위해 세상에 완전히 등을 돌리고 매일 전도만 하며 예배당에만 갇혀 사는 이원론적 삶을 살라는 뜻도 아니다.

영혼의 구원뿐 아니라 물리적 세계에 해당하는 가정, 지역사회, 국가에도 하나님의 역사가 시행될 수 있도록 해야 한다. 이는 하나님을 만난 자들의 인식이 변화하여 자발적으로 일어나는 회복의 역사다. 물론 이 땅에서 회복이 완성되지는 않지만 성경이 가르치는 바로 주님의 재림을 통해서 궁극적으로 그 나라가 완성된다. 이것이 하나님께서 이 땅을 구원하시기에 예수님을 보내시고 또 우리를 구원하신 목적이다.

07
기독교로 둔갑한 인본주의

07
기독교로 둔갑한 인본주의

기독교적 전제: 계시와 성령의 조명

기독교적 전제와 인본주의적 전제는 각각 무엇일까? 먼저 기독교적 전제는 언제나 하나님의 계시에 기초한다. 하나님께서는 성경(특별 계시)과 자연 만물(일반 계시)을 통해 자신을 밝히 드러내심으로 신자는 계시에 기초하여 하나님을 인식하고 그분을 섬긴다. 물론 계시가 제 역할을 하려면 반드시 성령의 조명이 필요하다. 성경과 자연 만물이 모두 하나님의 영광을 밝히 드러내지만 성령의 조명이 없다면 하나님의 영광을 제대로 볼 수 없다.

예를 들어보자. 어떤 방에 내가 사랑하는 사람의 선명한 사진이 걸려 있는데, 방이 어두우면 그 사진을 제대로 볼 수 없다. 결국 그 방에는 빛이 비치어져야 한다. 빛이 비쳐야 비로소 시신경이라는 인식 기관이 제 역할을 한다. 이처럼 만물이 하나님의 영광의 광채를 드러낸다고 해도 사람의 마음이 어두워져 있다면 그 계시를 인식할 수 없다. 아무리 이성이나 경험이라는 감각 기관이 발달해도 소용없다. 하나님의 영광을 분간하지 못한다. 그래서 성령께서 사람의 마음에 빛으로 조명하셔야만 그것이 하나님의 광채인지를 깨닫게 된다.

특별 계시인 성경에 대해서도 마찬가지이다. 성경은 신학박사들이 읽는다고, 또는 원어로 성경을 읽는다고 해서 더 잘 깨달아 믿게 되는 것이 아니다. 여기에도 반드시 성령의 조명이 필요하다. 대표적인 예로, 오늘날 성경 비평Biblical criticism에 몰두하는 수많은 자유주의 학자들은 성경의 원어에 능숙하며 또 성경 지식이 아주 방대하다. 그러나 그들은 대다수 성경을 올바르게 해석하지 못할 뿐 아니라 믿지도 못한다. 그들에게 성경은 고대 문헌 중 하나일 뿐이다. 이들의 문제는 무엇인가? 바로 성령의 조명이다.

기독교가 세상을 바라보는 전제는 계시와 성령의 조명이다. 신자는 세상을 볼 때 하나님의 계시에 기초하여 성령의 조명을 통해 본다. 이는 정치, 경제, 문화, 사회, 교육 등 모든 영역에 적용된다. 그래서 기독교적 정치관, 경제관, 문화관, 사회관, 교육관이 나오게 된다. 물론 "기독교적"이라는 말을 갖다 붙이기만 하면 되는 게 아니다. 기독교적이란 말은 항상 계시로서의 성경 말씀과 성령의 조명이 전제돼야 한다. 그렇지 않으면 자동적으로 인본주의로 흘러가게 된다.

기독교로 둔갑한 인본주의: 이성주의와 경건주의

교회의 역사 속에는 항상 이성주의자rationalist와 경건주의자pietist라는 두 부류가 존재했다. 이성주의자는 성경을 지나치게 이성에 의존하여 해석하려는 자들이다. 실제로 17-18세기에 많은 신학자가 이런 생각을 가졌다.[29] 이를테면, "이성의 조명만으로 성경을 얼마든지 이해할 수 있어! 기도하지 않아도 성령의 조명이 없어도 얼마든지 성경을 이해할 수 있어!"라고 생각하는 것이다. 자신의 이성에 전지성을 부여하여 이성만 의존해도 충분하다는 경향, 이것이 인본주의가 아니면 무엇이란 말인가?

경건주의Piestism는 이성을 배격하고 내면의 빛, 혹은 감정(경험)을 통해 하나님을 알 수 있다고 생각하는 신앙 태도다. 이에 대표적인 예가 퀘이커 교도Quaker다. 그들은 명상 속에 자신의 감정이 느끼는 대로 하나님의 임재를 알 수 있다고 생각한다. 이는 결국 신비주의mysticism라는 파국적인 국면까지 발전한다. 인간적인 감각이나 직관을 지나치게 의존하는 경향, 이것도 역시 자기 자신에게 지나치게 의존한다는 점에서 인본주의와 전혀 다르지 않다.

참된 기독교의 전제는 계시와 성령의 조명이고 반드시 양자가 동반되어야 하며 둘 중 어느 하나도 결코 간과되어선 안 된다. 특히 오늘날 성경 계시를 간과한 채 내면적 체험과 느낌, 감정을 강조하는 경건주의를 마치 보수적이며 정통 신학처럼 여기는 이들이 있는데, 이에 대해 우리는 각별한 주의를 기울여야 한다.[30]

---

29) 학계에서는 한동안 16세기 후반부터 18세기에 이르는 개혁과 정통주의 신학을 단순하게 합리주의(Rationalism)와 신앙주의(Fideism)로 양분화하는 견해들이 일반적이었으나, 최근 멀러(Muller)가 방대한 자료를 제시하며 이런 견해들을 비판했다. 이에 관한 저서로 Richard A. Muller, *Post-Reformation Reformed Dogmatics: The Rise and Development of Reformed Orthodoxy*, Vol. 1: Prolegomena to Theology, 2nd ed., (Grand Rapids, MI: Baker Academic, 2003)을 보라. 실제로 당대에는 울프주의(Wolfianism), 퀘이커(Quaker) 등과 같은 분파들이 존재하긴 했으나, 17세기에 열렸던 도르트 총회(synod of Dort)와 웨스트민스터 총회(Assembly of Westminster)만 봐도 당대에 신실한 목회자들도 있었음은 아주 분명하다.

30) 아담(Peter Adam)은 현대 교회에 유행하는 곧 퀘이커식의 경건주의에 대해 다음과 같이 경고한다. "퀘이커 교도들과 같이 하나님의 임재가 항상 강력한 감정적 자각이나 떨림, 넘어짐과 같은 신체적 징후가 동반된다는 생각은 이제 은사 운동을 넘어서 유행한다. 우리는 조나단 에드워즈(Jonathan Edwards)의 경고에 귀 기울이는 게 좋을 듯하다: 몸에 미치는

인본주의의 전제: 경험과 이성

인본주의의 전제는 경험과 이성이다. 경험주의의 특징은 스스로 경험한 것만을 믿는 것이다. 사실 타인의 경험담은 신뢰할 수 없어도 스스로 겪은 경험은 신뢰할 만하다. 말 그대로 경험했기 때문에 주관적으로는 진짜처럼 느껴진다. 그러나 스스로 겪은 경험도 완전히 신뢰할 수 있는 건 아니다. 왜냐하면 경험이란 "어떻게 해석하느냐"에 따라 그 경험에 대한 인식이 완전히 달라지기 때문이다.

어떤 사람이 길거리를 가다가 만 원을 주었다. 만 원을 줍게 되면 어떤 사람은 "너무 기쁘다! 내가 마침 만 원이 필요했어!"라고 반응한다. 한편 또 다른 사람도 같은 사건을 경험했지만 "너무 슬프다. 이 돈을 잃어버린 사람은 얼마나 마음이 괴로울까?"라고 반응한다. 경험 자체보다 경험을 어떻게 해석하느냐가 더 중요하다. 경험은 이처럼 해석에 따라 완전히 다르게 이해된다.

버트런드 러셀bertrand russel은 닭에 관한 예화로 경험주의의 오류를 정확히 지적한다. 그는 다음과 같이 말한다.

집안의 동물들은 먹이를 주는 사람을 볼 때 먹이를 기대한다. 우리는 균일성의 모든 어설픈 기대들이 조잡한 오해를 불러일으키기 쉽다는 것을 안다. 닭의 일평생 매일 먹이를 줬던 사람이 마침내 그것의 목을 비틀어서 자연의 균일성에 대한 좀 더 고상한 관점을 닭에게 보여주는 것이 유용하듯이 말이다. 그러나 그러한 기대들에는 오해가 존재함에도 불구하고, 겨우 어떤 일이 일정 횟수 이상 일어났다는 사실만으로 동물들과 사람들은 그 일이 다시 일어날 거

큰 영향은 애정의 확실한 영적 증거가 아니다." Peter Adam, Hearing God's Words: Exploring Biblical Spirituality, ed. D. A. Carson, New Studies in Biblical Theology (Downers Grove, IL; England: InterVarsity Press; Apollos, 2004), 201.

라고 기대한다. 그러므로 우리의 본능은 확실히 우리에게 내일 해가 뜰 것이라고 믿게 만들지만, 우리는 의외로 목을 비틀려진 닭보다 더 나은 위치에 있지 못할 수도 있다. 그러므로 과거의 균일함이 미래에 대한 기대를 초래한다는 사실과 과거의 균일함에 의문을 제기한 후 그러한 기대들에 무게를 둘 만한 합리적인 근거가 있는가는 서로 구분해야 한다.[31]

쉽게 말해, 과거의 반복되는 경험들이 반드시 미래에도 이어진다는 보장은 없다. 아무리 같은 경험을 여러 번 했다고 해도 내일은 다른 경험이 우리에게 닥칠 수도 있다는 말이다.

한편 이성주의자들은 초자연적 사건이나 영적 세계를 도무지 믿지 못한다. 특히 성경이 가르치는 천국과 지옥, 또 몸의 부활과 같은 사건들은 절대 믿지 못한다. 왜냐하면 이런 것들은 이성으로 검증할 수 없기 때문이다. 그러나 이성으로 검증할 수 있는 것은 분명한 한계가 있다. 이성주의자들이 이성에 합한 것만을 믿지만 그들의 한계는 너무나 명백하다.

인본주의의 실패: 경험과 이성으로 진리를 추구할 수 없다

경험주의와 이성주의가 각각 한계에 부딪히자 이후 어떤 철학자는 양자를 합쳐서 진리를 추구하려고 시도했다. 그가 바로 그 유명한 칸트Kant이다. 그런데 칸트의 노력도 결국 실패로 돌아간다. 그래서 훗날에는 "경험과 이성을 적절히 섞어도 진리를 알 수 없으므로 절대 진리는 없다."라고 주장하는 헤겔Hegel이 등

31) Bertrand Russell, *The Problems Of Philosophy* (London: Williams & Norgate, 1912), 97-98.

장한다. 따라서 인본주의자들은 세상을 바라보는 전제, 곧 세계관으로서 이성과 경험으로 진리를 추구했지만 그들은 언제나 실패했다. 그들은 왜 실패하는가?

이에 대한 기독교적 답변은 사람의 이성과 경험 모두에 성경이라는 계시와 성령의 조명이 있어야 하기 때문이라고 한다. 왜냐하면 인간이 전적으로 타락했기 때문이다. 이는 앞에서 언급한 것처럼 어두운 방에서 사물을 바르게 인식하려면 감각 기관보다 빛이 먼저 들어와야 하는 것과 같다. 마찬가지로 인간의 타락으로 말미암아 경험에 대한 해석이 완전하지 못할 뿐 아니라 이성 역시 제 기능을 하지 못한다. 그래서 인간 자신에게 중심을 두는 인본주의는 반드시 실패할 수밖에 없다. 그러므로 인본주의와 기독교의 차이는 "경험이냐 이성이냐"의 문제보다 "타락한 인간의 경험과 이성에 하나님의 조명이 있는가?"의 문제이다.

인본주의의 가장 큰 문제: 철저한 자기중심주의

인본주의의 가장 큰 문제는 사람을 만물의 중심으로 보는 데에 있다. 본질적으로 본다면 이성 혹은 경험을 통해서 세상을 바라보기 때문은 아니다. 프로타고라스Protagoras는 "인간은 만물의 척도다."라는 유명한 말을 남겼다. 이 말은 보편적인 인간The man의 위대함을 말하는 것이 아니라 모든 개별적인 사람a man 한 명 한 명이 모두 만물의 척도라고 보는 것이다. 나도 옳을 수 있고 저 사람도 옳을 수 있다는 말이다. 진리는 상대적인 것이지 절대적인 것이 아니라는 말이다. 각 사람은 그 사람대로 답을 가지고 있으며 나는 나대로 답을 가지고 있다는 생각이다. 그래서 세계의 중심은 내가 되기 때문에 인본주의자들은 철저히 자기 중심적일 수밖에 없다. 그들에게 타인은 항상 나보다 다음이다. 그러므로 인본주의가 들어가면 여기저기서 사람들과 갈등과 분열을 유발할 수밖에 없다.

하나님의 자리를 찬탈하려는
인본주의

08
하나님의 자리를 찬탈하려는 인본주의

인본주의는 결국 '자기 행복'을 추구한다

철학이 추구하는 궁극적 목적은 행복이다. 이런 차원에서 인본주의자의 자기 중심이라는 전제는 반드시 자기 행복이라는 목적으로 귀결된다. 그들은 자기중심적인 사고와 행동을 통해 결국 자신만의 행복을 추구하는 일에 집중한다. 그들은 겉으로는 경험과 이성을 중심에 둔다고 하지만 배후에서는 항상 자신의 행복을 중심에 둔다. 그래서 인본주의 철학은 "인간이 어떻게 행복해질 수 있는가?"에 큰 관심을 가졌고 이로부터 다양한 가설들이 출현했다.

아리스토텔레스Aristoteles의 목적론적 윤리설도 자기 행복만을 목적으로 추구하는 대표적인 예에 해당한다. 이런 차원에서 칸트^{Kant}의 절대적인 윤리에 대한 추구도 결국 자신이 행복해지기 위한 방편일 뿐이다.

그렇다면 성경은 행복을 어떻게 말하는가?
성경에서 말하는 행복은
하나님께로 돌아가고, 하나님 중심으로 삶을 사는 것이다.

자기중심적으로 살면 결단코 행복하지 않다. 그래서 온갖 쾌락을 추구하는 쾌락주의자들은 결국 허무주의에 도달하고 또 허무주의자들은 훗날 자살에 이르고 만다. 이처럼 인본주의의 결과는 언제나 절망이다. 자기중심적인 삶에는 행복이 아닌 허무만 있을 뿐이다.

사람의 경험이나 이성에 비춰볼 때 성경대로 사는 삶, 곧 하나님 사랑과 이웃 사랑의 삶은 무척 불행할 것으로 보인다. 그런데 정작 말씀대로 순종하면서 살면 정말 행복하다. 이는 칸트의 주장처럼 윤리적으로 살기 때문에 행복한 것이 아니다. 하나님 말씀에 대한 순종이 곧 '하나님 사랑', '이웃 사랑'이며, 이 사랑 실천 때문에 행복한 것이다. 흥미롭게도 성경은 인생의 목적을 행복에 두지 않으면 비로소 행복을 얻게 된다는 논리다. 오히려 목적을 행복으로 두기 때문에 행복하지도 못하고 이웃까지 불행해진다.

실제 역사 속에는 "사람의 행복이 곧 선이다."라는 생각을 품은 자들이 출현했다. 그들이 바로 "프랑스 혁명"(French Revolution, 1788-1789)을 일으켰던 혁명가들이다. 당시 그들은 사람을 행복하게 만드는 것은 선이고, 불행하게 만들면 악이라는 이분법적인 생각에 사로잡혀 있었다. 그래서 자신을 불행하게 하는 사람들을 모조리 찾아서 죽였다. 그러나 결과적으로 아무도 행복해지지 않았고 도리어 그들 자신조차 단두대에서 처형을 당하는 끔찍한 불행에 빠지고 말았다.

하나님의 자리를 찬탈하려는 인본주의

왜 인본주의는 불행이라는 결과를 낳게 되는가? 근본적으로 사람의 삶의 중심에는 반드시 하나님께서 계셔야 하기 때문이다. 하나님은 인간 삶의 중심에 하나님 자신을 두어야 비로소 행복하도록 사람을 창조하셨다. 그런데 뱀은 하와에게 "네가 하나님처럼 되리라."라는 인본주의적 사고로 유혹했고 그 결과 인류는 불행한 길을 걷게 됐다. 인본주의는 하나님의 창조 순리(하나님을 중심에 모심)를 벗어난 것으로 여기에는 참된 행복이 존재하지 않는다.

블로흐E. Bloch는 "천국은 비어있고 인간이 바로 하나님이다."라는 유명한 말을 남겼다.[32] 이것이 인본주의를 설명하는 가장 중요한 핵심이다. 요즘 나오는 인본주의 철학의 핵심은 다 사람이 신(God)이 되는 데 초점이 맞춰진다. 사람이 하나님의 자리를 찬탈하면 낙원의 행복을 누릴 수 있을 것이라고 생각한다. 이것이 인본주의 사상의 가장 큰 문제점이다.

간혹 어떤 이들은 "우리가 행복하겠다는데 뭐가 잘못이야?"라고 말한다. 물론 행복의 추구 자체를 성경이 정죄하는 것은 아니다. 성경은 행복의 기준을 왜곡하려는 자세를 피할 뿐이다. 하나님께서는 사람을 창조하실 때 사람이 불행하게 사는 것을 결단코 원치 않으셨다. 그리스도인은 행복을 회피하고 불행을 추구하는 자들이 아니다. 도리어 성령의 조명에 비추어 말씀을 따르는 삶을 추구

---

32) 정성구, 『칼빈주의 사상대계』 (서울: 총신대학교출판부, 1995), 232.

하고 "우리 삶이 하나님 중심이 되면 우리는 진짜 행복해질 수 있다!"라고 믿는 자들이다.

그리스도인들이야말로 참된 행복을 추구하는 사람들이라고 할 수 있다. 그러나 아담 이후로 타락한 사람은 경험과 이성이 모두 부패했다는 사실을 깨닫지 못한다. 그래서 타락한 경험과 이성에 비추어서 하나님이 아니라 내가 중심이 되어야 행복할 것이라고 생각한다. 그런데 역사적으로 볼 때 경험주의와 이성주의(합리주의)를 따르는 자들은 결국 불행했으며 그들은 허무주의에 빠지고 말았다. 이런 문제의 핵심이 무엇인가? 타락한 사람의 인생은 '하나님 추구'가 아니라 '행복 추구' 자체가 목적이 됐기 때문에 끊임없이 하와처럼 '하나님의 자리를 찬탈하려는 시도'를 멈추지 않는다. 이런 태도를 인본주의 철학이라 한다.

인본주의는 결과의 불행이다

사람이 행복을 추구하다 보면 하나의 무리를 이루는 현상이 나타난다. "우리가 함께 행복해지자. 우리가 모두 행복해질 수 있다!" 성경에 이와 같은 사건이 있었다. 하나님을 배제하고 사람들이 모여서 나름대로 행복을 추구하는 것, 이것이 창세기의 바벨탑 사건이다(cf. 창 11장). 오늘날에 이와 유사한 사조로 공리주의, 또 사회주의와 공산주의를 꼽을 수 있다. 이들은 바벨탑 사건의 연장선처럼 하나님을 배제하고 사람들만의 힘으로 행복할 수 있다고 믿는 사고방식을 따른다.

이 사람들은 모든 사람들이 다 행복하기 위해 다음과 같이 생각한다. '부자들의 소유를 뺏어서 모두가 똑같이 나누면 행복하지 않을까?' 이건 엄밀하게 모두가 행복할 수 없다는 얘기이다. 뺏기는 누군가는 불행하기 마련이다. 또 모두의 행복을 위해 부자들의 소유를 빼앗아 골고루 나누면 다수가 행복할 것처럼 보이지만 부자들의 것을 다 빼앗으면 부자가 사라지기 때문에 결국 빼앗을 부자가 사라지게 된다.

이렇게 빼앗을 부자가 사라지면 어디서 빼앗아 골고루 나누겠는가? 서로 빼앗아 나눌 수밖에 없다. 그러면 빼앗기는 불행은 이제 모두의 것이 되고 만다. 모두가 행복하기 위해 모두가 착취당하며 불행하게 되는 모순에 빠지는 것이다. 이런 주장은 모든 사람들이 평등해야 한다는 실현 불가능한 주장에서 비롯된다. 평등하기 위해 서로 빼앗다 보면 빼앗을 자원이 다 사라지고 모두가 평등하게 가난해진다. 이런 사실은 현실 공산주의라고 할 수 있는 북한을 비롯한 역대 공산주의가 잘 보여준다.

하나님은 차이, 곧 불평등을 통해 세상을 조화롭게 만드셨다

한국의 민중신학民衆神學이나 해방신학Liberation theology은 인본주의를 합리화시키기 위한 현대 신학의 사조들이다. 이들은 부유한 자들이 남의 것을 뺏어서 행복해졌다고 생각한다. 그래서 평등을 주장한다. 계급이 없어지고 모든 사람이 평등해져야 한다는 것이다. 언뜻 평등을 얘기하면 성경적인 듯하다. 그러나 성경은 경제적 평등을 가르치고 있지 않다.

예수님은 "가난한 자들은 항상 너희와 함께 있거니와"(마 26:11)라고 말씀하셨다. 주님은 가난한 자가 항상 이 세상에 존재하도록 섭리하셔서 그리스도인이 섬길 대상으로 삼도록 가르치신 것이다. 이 땅에 사는 사람들은 생래적으로도 평등하지 않다. 러셀 커크^{Russell Kirk}는 "자연 상태에서 인간은 평등하지 않다. 평등은 인위적인 산물이지 자연적인 상태가 아니"[33]라고 했다.

사람들을 보라. 모든 사람들의 키가 같은가? 다 똑같이 생겼는가? 지능이 같은가? 성격과 취향이 같은가? 심지어 쌍둥이 간에도 차이가 분명히 존재한다. 하나님은 이 땅에 창조하신 사람들을 결코 평등하게 창조하지 않으셨다. 사람들은 서로 다르고 저마다 차이가 존재한다.

왜 하나님은 이런 차이, 불평등을 허락하셨는가?
그 이유는 사랑으로 이웃을 섬길 여지를 주시기 위함이다.

평등하다면 섬김을 받을, 섬김을 줄 이유가 없어진다. 사랑의 섬김과 희생을 통해 평등케 하려는 것이 주님의 뜻이다. 이것을 바울은 "이는 다른 사람들은 평안하게 하고 너희는 곤고하게 하려는 것이 아니요 균등하게 하려 함이니 이제 너희의 넉넉한 것으로 그들의 부족한 것을 보충함은 후에 그들의 넉넉한 것으로 너희의 부족한 것을 보충하여 균등하게 하려 함이라"(고후 8:13-14)라고 명확하게 가르쳤다.

바울의 가르침이 공산주의나 사회주의적 가르침으로 느껴지는가? 결코 아니다. 이는 사유재산을 인정하고 있다는 점과 분배의 주체가 정부가 아니라 성령의 감동과 사랑이라는 점에서 사회주의나 공산주의와는 근본적으로 다르다. 그러므로 우리는 성경의 이 가르침을 평등이라 하지 않고 조화라고 한다.

---

33) 러셀 커크, 『보수의 정신』, 이재학 역 (서울: 지식노마드, 2018), 140-141.

두 종류의 르네상스

09
두 종류의 르네상스

인본주의의 발흥: 신 중심에 대한 반발

인본주의는 14세기 말엽에 발흥한 르네상스 운동과 관련이 깊다. 르네상스 운동은 종종 "고전으로 돌아가자!"라는 구호로 요약된다. 이는 주전 5세기 경 고대 그리스 철학을 부활시키려는 문예부흥 운동이다.

흔히 사람들은 르네상스 운동이 시작된 이유를 중세 교회(5-15c)의 지나친 "신 중심"에 대한 반발이라고 생각한다. 그러나 중세 교회의 신 중심은 엄밀한 의미의 신 중심이 아니었다. 앞서 다루었듯이 "신(하나님) 중심"은 곧 "계시(성경) 중심"이라는 등식으로 보아야 한다. 그러나 중세 교회는 계시(성경) 중심이 전혀 아니었다. 그들은 성경 말씀과 성령의 조명을 신앙의 중심적 위치에 놓지 않았다.

중세의 이런 현상은 대표적으로 중세 교회의 저명한 토마스 아퀴나스^{Thomas} Aquinas를 통해 확인할 수 있다. 그는 이 세상을 상층부와 하층부, 곧 "은혜"(Grace) 와 "자연"(Nature)으로 구분하고 양자의 균형을 시도했던 사람이다.[34] 그런데 그의 신학은 성경 계시에 기반을 두지 않았다. 성경적 신학이 아니라 아리스토텔레스의 철학을 기반으로 한 철학적 신학이었다.

아퀴나스는 인간의 의지will는 타락하였으나 지성mind은 타락하지 않았다고 보았다.[35] 이런 신학에서 비롯된 중세 교회의 모든 가르침과 성상 숭배, 그 외의 비성경적 예식들은 수많은 영혼을 병들게 하였다. 그래서 사람들은 이런 신학의 강조에 무엇인가 잘못된 것이 있다는 의구심을 품었고, 이런 상황에서 르네상스 운동이 발흥했다. 르네상스 운동은 결국 "철학화된 신학으로부터 도망가자! 철학화된 종교로부터 자유로워지자!" 그리고 "다시 예전의 소크라테스, 플라톤, 아리스토텔레스의 철학으로 돌아가자!"라는 외침이다.

두 종류의 르네상스
: 하나님 중심의 인문주의와 사람 중심의 인본주의

인본주의, 곧 르네상스의 정신은 "사람을 사람답게!"라는 구호로 정리된다. 이 구호는 일종의 "X를 X답게"라는 철학적 개념과 관련 있다. 달리 말하면 사람을 본연의 자리로 돌려놓아야 한다는 것이다. 물론 르네상스에 있어서 본연의

---

34) 프란시스 쉐퍼, 『이성에서의 도피』 이영재 역 (서울: 생명의말씀사, 1998), 15. 아퀴나스의 은혜(Grace)와 자연(Nature)에 관한 자세한 논의는 그의 저서 토마스 아퀴나스, 『신학대전: 자연과 은총에 관한 주요 문제들』 손은실, 박형국 역 (서울: 두란노아카데미, 2011)을 참고하라.

35) Ibid., 17.

자리는 성경과 무관하고 신의 자리를 빼앗으려는 교만한 도전이다. 이런 점에서 인본주의는 매우 비성경적이다.

한편 르네상스의 "사람을 사람답게"라는 구호는 흥미롭게도 종교개혁과 유관하다. 마틴 루터Martin Luther가 시도한 개혁은 사실상 X에다가 하나님을 넣고 "하나님을 하나님답게!"라는 외침이었다. 따라서 르네상스 운동은 두 개의 물줄기로 흘렀다고 볼 수 있다. 즉, 14세기에는 "사람을 사람답게!"라는 인간 중심의 인문주의anthropocentric humanism, 말 그대로 인본주의人本主義이며, 또 16세기에는 "하나님을 하나님답게!"라는 하나님 중심의 인문주의theocentric humanism다.[36]

인본주의의 결과물: 자율주의와 계몽주의

인간 중심의 인본주의, 곧 "사람을 사람답게!"를 외칠 때 이 사람들은 "이제 법을 신(God)이 정하지 않는다. 법은 사람이 정한다!"라고 생각하게 된다. 그러면서 자율주의自律主義가 나온다. 자율주의는 내가 스스로 법이 된다는 뜻이다. 이전에는 신 중심적 사고방식이었다면 이제는 철저하게 사람 중심적 사고방식이 되었다. 훗날 이것은 계몽주의라 부르는 휴머니즘 운동으로 발전했다. 오늘날 휴머니즘은 인간은 인간 그 자체로 충분하며 신(God) 따위는 필요 없다는 사상이다.[37]

---

36) 휴머니즘(humanism)은 인문주의(人文主義) 혹은 인본주의(人本主義)로 번역되며, 부정적 의미를 부각할 경우는 대부분 후자로 번역한다. 또한, "하나님 중심"(theocentric)과 "사람 중심"(anthropocentric)의 인문주의(인본주의) 구분과 이에 자세한 설명은 Cornelius Van Til and Eric H. Sigward, The Pamphlets, Tracts, and Offprints of Cornelius Van Til, (Labels Army Company: New York, 1997)을 보라. 사실 두 종류의 인문주의에 대한 표현은 학자마다 차이가 있다. 예를 들어, 그랜츠(Stanley Grenz)의 경우는 기독교 인문주의(Christian humanism)와 세속적 인문주의(Secular humanism)라고 표현하기도 한다. Stanley Grenz, David Guretzki, and Cherith Fee Nordling, Pocket Dictionary of Theological Terms (Downers Grove, IL: InterVarsity Press, 1999), 61.

37) op. cit., 234.

계몽주의로 이어졌을 때 윤리적 타락은 이루 말할 수 없이 극도에 이르렀다. 예를 들면, 프랑스의 계몽주의 사상가 볼테르^{Voltaire}는 로마 가톨릭 교회를 극도로 비판할 뿐 아니라 쾌락주의적 도덕성에 근거한 에로티시즘^{eroticism}을 주장했다.[38] 그의 성적 비행은 하나님의 자리를 사람이 빼앗아서 자신이 법이 되려는 자율주의적 사고의 결과물이다.

하나님 중심의 인문주의: "하나님을 하나님답게!"

반면 계몽주의의 정반대에는 종교개혁 운동이 있었다. 종교개혁의 다섯 표어 중 하나로 오직 성경(Sola Scriptura), "성경으로 돌아가자!"이다. 말씀과 성령의 조명으로 돌아감으로 "하나님을 하나님답게!"를 먼저 참되게 실현하는 것이다. 이것이 바로 16세기에 시작된 종교개혁의 정신이다.

진정한 인문주의는 "하나님이 하나님답게!"에서 출발해야 한다. 사람 중심의 인본주의, 곧 "사람이 사람답게!"는 오히려 사람을 더 파괴할 뿐이다. 이것은 자율주의적 사고로 가정, 인간성, 윤리, 도덕과 같은 모든 것을 파괴한다. 그래서 사람을 더 비인간화하고 비참하게 하는 결과를 초래한다. 그러나 종교개혁은 먼저 "하나님을 하나님답게!" 섬기고 인정함으로 오히려 참된 의미에서 "사람을 사람답게!"하는 결과를 얻는다.

참된 인문주의, 진정한 르네상스는
말씀으로 돌아가고 하나님께로 돌아가는 것이다.

---

38) 민성길, "계몽주의와 성적방탕", 『크리스천투데이』(2020년 8월 24일), https://www.christiantoday.co.kr/news/333846.

인본주의에 "사람다움"과 행복은 없다

종교개혁의 전제, 곧 기독교의 전제는 계시 의존이다. 즉, 성경과 성령의 조명이라는 전제다. 이 전제로 세상을 바라보니까 놀라운 변화가 나타났다. 사람이 억압당하기보다는 자유롭고, 불행해지기는커녕 행복이 극대화됐다. 그러나 인본주의자들은 철저히 신을 배제하고 신으로부터 자유해야만 한다고 생각했다. 그래야만 사람이 자유롭고 행복할 수 있다고 보았다. 그러나 이런 인본주의의 결과는 정반대의 결과를 초래했다. 인본주의 안에서 참된 행복은 찾아볼 수 없었고 진정한 의미에서 "사람답게"라는 인간의 존엄성은 상실하게 됐다.

인본주의의 극복 (1): 참된 전제의 회복

그렇다면 인본주의를 어떻게 극복할 수 있을까? 결국 이를 극복할 방법은 전제를 회복하는 것이다. 하나님의 계시인 성경으로 돌아가야 하고 또 이를 위해 하나님 사랑으로 돌아가야 한다. 만일 하나님 사랑에서 출발하지 않으면 반드시 인본주의에 빠진다. 왜냐하면 하나님 사랑과 이웃 사랑이 앞서지 않을 경우 하나님과 이웃에 대한 책임과 의무는 등한시되고 도리어 자신이 누려야만 한다는 권리만을 주장하게 되기 때문이다.

우리가 오로지 하나님 사랑에서 출발할 때
자연히 책임과 의무가 앞서고 인권은 뒤따르게 된다.

하나님을 사랑하고 이웃을 사랑하는 율법의 이중 강령이 마음속에 들어오면 신자는 자기 권리보다 "하나님과 이웃을 어떻게 섬길까?"에 관한 책임과 의무가 앞선다. 이는 자연스럽게 참된 기독교, 곧 신본주의에 도달한다.

신본주의와 인본주의를 가르는 본질은 "자기 사랑이 우선인가? 아니면 하나님 사랑과 이웃 사랑이 우선인가?"에 있다. 바울의 "우리 중에 누구든지 자기를 위하여 사는 자가 없고 자기를 위하여 죽는 자도 없도다"(롬 14:7), "누구든지 자기의 유익을 구하지 말고 남의 유익을 구하라"(고전 10:24)라는 가르침에 주목하라.

책임과 의무의 이행은 억압이 아니다.
이는 그리스도인으로서 마땅한 사명이다.

인본주의의 극복 (2): 십자가를 지는 삶

인본주의자들은 "나는 책임을 덜 지는 삶을 살겠다! 의무도 덜 이행하는 삶을 살겠다!"라고 외치며 투쟁한다. 그러나 참된 그리스도인은 "내가 감당해야 할 책임을 지겠다. 내가 이행해야 할 의무를 지겠다."라고 외친다. 그리고 사랑의 계명을 따라 자기희생의 길을 걷는다. 실제로 주님은 이렇게 자기 십자가를 질 것을 가르치셨다(막 8:34; 눅 9:23).

신자는 결국 십자가를 지는 삶을 통해 인본주의를 극복할 수 있다. 물론 십자가의 삶이란 제도를 통해 혹은 순전한 사람의 의지만을 가지고 할 수 있는 것은 아니다. 이 삶은 하나님 사랑이 마음속에 부은 바가 됐을 때, 성령께서 주시는 자원하는 마음을 통해서만 가능하다. 그러므로 인본주의자들이 생각하는 행복한 세상은 결국 십자가 안에서만 성취된다. 그들은 "책임과 의무는 다 회피하겠다! 나만 행복하면 돼!"라고 생각하지만 이런 식으로는 결단코 진정한 행복에 도달할 수 없다. 자신의 행복을 포기할 때, 자신도 행복하고 다수도 행복할 수 있다.

기독교 정치관의
첫 번째 전제를 위한 질문

10
기독교 정치관의 첫 번째 전제를 위한 질문

그리스도인은 정치에 관심을 가져야 한다

그리스도인은 정치에 어떤 자세를 취해야 할까? 어떤 이들은 그리스도인이 정치에 무관심하거나 중립적인 자세가 성경적이라고 생각한다. 그러나 세계관에 중립이 존재하지 않듯, 그리스도인이 정치를 중립적으로 바라볼 수는 없다. 그리스도인들이 정치에 대해 이런 모호한 태도를 견지하게 되면 정치는 자동적으로 인본주의 관점이 지배하는 영역으로 기울게 된다. 아무리 그리스도인이라 하더라도 결국 정치를 세속적 관점으로만 바라보게 된다. 그렇다면 그리스도인들은 결국 정치의 영역에서는 '소금과 빛'(마 5:13-16)의 역할을 감당하라는 명령을 거역하는 것이 되고 만다. 그러므로 그리스도인은 반드시 정치에 관심을 가지되 이에 대해 명확한 성경적 관점을 가져야 한다.

정치의 의미: 바르게 다스리다

자본주의를 본격적으로 다루기 전에 정치라는 용어를 정리해야 한다. 먼저 정치라는 단어는 한자로 "정사 정"(政)에 "다스릴 치"(治)를 쓴다. 이 단어는 "바르게 다스리다"를 함의한다. 따라서 용어의 의미 자체에 주목하면 "바른 다스림"은 꼭 국가에서만 이루어지는 게 아님을 알 수 있다. 교회에도 바른 다스림, 곧 정치가 필요하다. 사회에서도 마찬가지이다. 심지어 가정에서도 필요하다. 이처럼 사람은 사회적 존재로서 어떤 영역에서나 정치와 무관할 수 없다.

사람들이 모이면 반드시 정치가 발생할 수밖에 없다. 우리가 사는 시대에서 정치라는 용어는 굉장히 세속적이고 악하게 이해되는 경향이 있으나 실상은 전혀 그렇지 않다.

정치 자체가 더럽고 부정한 게 아니다.
정치를 하는 사람이 더럽고 부정할 뿐이다.

사람들이 올바르게 정치를 하지 않기 때문에 문제가 되는 것이다. 국가의 영역에서 정치가 올바르면 올바른 나라가 되고 악하면 악한 나라가 된다. 바른 정치에 관심을 가져야 할 그리스도인들에게 아무런 책임감과 의무감이 없다면 국가에 악한 통치가 이루어질 수 있음에 경각심을 가져야 한다.

영역 주권: 모든 영역이 주의 것이다!

교회 영역만이 하나님의 것이고 나머지 영역이 모두 사탄의 것은 아니다. 이 세상의 모든 영역이 다 하나님의 소유이며 그분이 주인이시다. 이 개념을 개혁주의 신학에서 "영역 주권"sphere sovereignty이라 부른다. 만물을 창조하신 하나님께서 만물의 주인이시기 때문에 국가, 가정, 학교, 직장, 교회 등 모든 영역에서 신자는 반드시 그분의 주권을 드러내야만 한다. 영역 주권을 주장한 아브라함 카이퍼Abraham Kuyper의 말과 같이 "사람 삶의 모든 영역에서 만유의 주재이신 그리스도께서 '나의 것이다!'라고 외치지 않는 영역은 한 치도 없다."[39]

정치에 대한 무관심은 그 영역을 사탄에게 내어주는 것이다

비록 인류는 아담 안에서 범죄하고 타락했지만 하나님께서는 교회의 영역을 넘어 모든 영역이 다 회복되기를 원하신다. 성경의 가르침은 결국 만물의 회복이다. 하나님께서는 곧 모든 영역을 회복하기 위한 수단으로써 교회를 사용하신다.

교회는 국가 정치의 영역에 관심을 가져야 한다. 단순한 무관심은 사실상 그 영역을 사탄에게 내어주는 것이나 다름이 없다. 더욱이 국가는 다른 영역보다 사회 전반의 모든 문제에 막대한 영향을 행사할 수 있는 영역임을 기억해야 한다. 에드먼드 버크Edmund Burk가 말했듯 국가의 정치는 사람의 도덕성과 직결된다.[40] 국가의 정치에 무관심한 태도는 결과적으로 사회의 도덕성이 비성경적으

---

39) 정성구, op, cit, 278.

40) 러셀커크, op. cit., 98.

로 추락하게 한다. 참된 그리스도인이 정치에 무관심하다는 건 사실상 불가능한 일이다.

청교도의 정치관: 사회의 성화와 신앙의 자유

종교개혁 이후 그리스도인의 정치 참여에 관한 시각은 두 가지 유형으로 나뉘진다. 먼저 청교도Puritan의 경우는 이에 적극적인 자세를 취했다. 미국에서 청교도 연구로 저명한 하버드 대학교의 페리 밀러Perry Miller는 청교도 운동을 다음과 같이 두 가지로 분류한다.

첫째는 "개인의 성화"이고,
둘째는 '언덕 위의 도시를 어떻게 건설할 것인가?', 곧 "사회의 성화"이다.

이 두 가지는 각기 분리되는 게 아니다. 청교도들은 개인의 성화에 직접적인 영향을 끼치는 게 사회라는 사실을 파악하고 '어떻게 사회를 성화시킬 것인가?'를 고민했다. 그들은 이러한 두 가지 성화가 갖는 밀접한 관련성을 일찍이 알았기 때문에 이를 함께 생각하지 않을 수 없었다. 그래서 그들은 개인과 사회의 성화를 함께 생각하며 이를 위해 부단히 노력했다.

청교도의 적극적인 정치관은 뉴잉글랜드로 이주한 비국교도에게서도 발견된다. 1620년 미국 메이플라워호를 타고 청교도들이 신대륙으로 이주했던 이유는 영국 국교회The Church of England의 박해 때문이었다. 본래 그들은 개인적인 경건과 신앙생활만 잘하면 된다고 생각했다. 그러나 국교회로부터의 핍박을 겪으며 정치에 무관심할 때 박해를 받을 수밖에 없다는 사실을 깨달았다.

당시 영국에서 "우리가 요구하는 방식대로 종교생활을 해라. 우리가 요구하는 대로 예배 모범을 만들고 우리가 요구하는 방식대로 신앙생활 하라!"라고 강압했다. 하지만 청교도들은 "그렇게 할 수 없다! 우리는 성경대로 신앙생활을 하고 싶다"라고 반박했다.

이는 국가에 저항하려는 의도가 아니라,
그저 성경대로 신앙생활을 하고 싶을 뿐이었다.

그런데 국가는 이를 용납하지 않았고 박해를 했다. 그래서 청교도들은 하는 수 없이 메이플라워호를 타고 신대륙으로 이주하게 된 것이다. 이들이 이런 이유로 이주를 했기 때문에 그들은 자연히 신앙의 자유, 곧 정치에 큰 관심을 가질 수밖에 없었다.

그들이 이주한 후에 흥미로운 현상이 나타났는데 그것은 선거 설교election sermon이다. 청교도의 선거 설교가 특정 후보를 지칭하여 뽑으라는 내용은 아니다. 선거 설교의 주제로 가장 자주 등장하는 것은 "선한 통치자의 자질"에 관한 것이었다. 1775년 미국 혁명 직전까지 출판된 선거 설교들의 절반 이상은 유권자들이 어떤 후보에게 투표해야 하며, 관원들은 어떤 종류의 사람이 되어야 하는가에 관한 것이었다. 그들은 한 번의 선거로 인해 자신들의 신앙의 자유가 뺏길 수도 있다는 분명한 인식이 있었다.[41] 이 인식은 오늘날 한국교회가 조금이라도 늦기 전에 회복해야 할 부분이다. 늦으면 영국의 청교도들처럼 엄청난 대가를 치르게 될 수도 있다.

---

41) 박영호, 『청교도 실천신학』(서울: 기독교문서선교회, 2002), 169.

칼빈의 정치관: "모든 권세는 하나님으로부터"

이런 시각은 종교개혁자들에게도 똑같이 나타났다. 대표적으로 종교개혁자 칼빈은 "권세는 하나님으로부터 나지 않음이 없나니"(롬 13:1)라는 말씀에 근거하여 그리스도인이 국가에 관심을 가지고 이 영역을 하나님의 뜻대로 성화시켜가야 한다고 주장했다. 또한 칼빈 이후의 개혁파 신학자들도 정치가 성화될 때 그리스도인을 넘어 불신자의 도덕성에도 영향을 끼친다는 점을 고려하여 정치에 대한 적극적인 관심을 주장했다.

칼빈주의 정치관을 이해하기 전에 우리는 전체주의가 무엇인지 이해하는 것이 좋다. 전체주의를 이해하는 아주 중요한 키워드는 "행복"이다. 행복이라는 키워드는 철학에서 가장 중요한 목적으로 삼는 요소다. 이 철학적 관점에 의해 나온 정치관이 바로 전체주의다. 중국에서 나타나고 있는 것처럼 전체주의 정부는 우리에게 행복과 공공의 안전을 부여하기 위해 국민의 자유와 권리와 재산, 더 나아가 생명까지도 얼마든 통제할 수 있다고 생각한다.

여기서 우리는 국가가 만일 우리의 공공 안전과 행복을 위해 자유와 생명과 재산에 해를 끼친다면 어떤 태도로 대처해야 할지 고민하게 된다. 이에 대해 어떤 이들은 칼빈의 주장을 인용하면서 불법한 정부의 통치에도 복종해야 한다고 주장한다. 그들이 인용하는 칼빈의 말은 다음과 같다.

> "왕들의 제멋대로 하는 횡포는 정도를 지나칠 것이나, 그것을 제한하는 것은 너희가 할 일이 아니다. 너희가 할 수 있는 일은 왕들의 명령에 복종하며 그들의 말을 듣는, 오직 이 한 가지뿐이다."(기독교강요 4권 20. 26)

그리고 또 칼빈은 "권리를 지키는 것은 국민이 할 일이 아니라 하나님께서 하시는 일이다."라고 했다(기독교강요 4권 20. 29). 뿐만 아니라 칼빈은 "악하고 모독적인 자가 신앙을 이유로 우리를 괴롭힐 때, 이런 때에 우리는 우선 우리 자신의 비행을 생각해야 한다."라고까지 말했다. 이 정도만 보면 칼빈은 비록 악한 정부의 명령이라도 무조건 복종하는 것이 옳다고 가르치는 것처럼 보인다. 그러나 칼빈의 다른 주장을 들어보면 생각이 달라진다.

> "그러나 주 안에서만 그들에게 순종해야 한다. 만일 그들의 명령이 하나님과 반대되는 것이라면 그 명령을 존중하지 말라. 이럴 때에는 집권자들이 가진 위엄에 조금도 관심을 가질 필요가 없다... 다니엘은 그가 왕의 불경건한 칙령에 복종하지 않았을 때에 자신은 왕에게 어떤 죄를 지은 것은 아니라고 하였다... 이와 반대로 이스라엘 사람들은 왕의 악한 포고에 복종했기 때문에 비난을 받았다(호 5:13)"(32절)

이 두 주장을 보면 칼빈은 악한 정권에 대해 복종하라는 것인지, 저항해야 한다는 것인지 고민하지 않을 수 없다. 이에 대해 우리는 칼빈이 부당한 권력에 복종하라는 말이 주 안에서만 순종해야 한다는 말과 충돌하는 것이 아니라는 관점에서 먼저 이해해야 한다.

어떻게 이 둘이 충돌하지 않는 한도 내에서 이해할 수 있겠는가? 그것은 악한 정권이 부당한 명령을 강제했을 때, 정부의 명령을 거역하고 하나님의 명령을 따름으로 애매히 고난받는 방식으로 나타나야 한다는 것이다. 악한 정권의 명령을 거역함으로 우리는 주 안에서만 순종하라는 명령을 따르는 것이 되며, 그

권력으로 인한 박해를 순순히 받는 것을 통해 악한 권력이라도 복종하라는 명령을 따르는 것이 된다. 이렇게 함으로써 교회가 고난받음은 우리로 하여금 악한 정권을 통해 죄에 대한 하나님의 징계를 달게 받는 것이 된다. 그러나 만일 악한 정권에 타협하여 고난(징계)을 받지 않는다면, 우리는 합법을 가장하여 하나님께 범죄하는 것이며, 더 큰 하나님의 징계와 심판을 쌓는 것이 된다. 그러므로 칼빈은 다음과 같이 가르쳤다.

> "하늘의 사자인 베드로는 "사람보다 하나님을 순종하는 것이 마땅하니라"(행 5:29)는 칙령을 선포했으므로, 우리는 경건을 포기하기보다는 차라리 고통을 받는 편이 주께서 요구하시는 순종을 실천하라는 것이라는 생각으로 위안을 받도록 하자"

예를 들어보자. 오늘날 정부는 공공의 안전을 명분으로 대면 예배를 금지시켰고, 백신 패스를 강제했다. 이에 대해 칼빈은 공공의 안전이라는 명목 하에 국민 개개인의 자유와 재산과 생명을 위협하며 법치를 강요하는 것에 대해 다음과 같은 말로 공격한다.

> "진정으로 집권자들은 온 노력을 경주하여, 어떤 면에서든 자유가 감소되는 것을 막고, 자유가 침해받지 않도록 지켜야 한다. 왜냐하면 그들은 자유의 수호자로 임명을 받았기 때문이다. 그들의 각성과 주의가 충분하지 못하다면, 그들은 직책에 대해 불충실하게 되며 조국의 반역자가 된다."(기독교강요 4권 20, 8)

계속해서 칼빈은 말한다.

"국가 통치의 지정된 목적은, 우리가 사람들과 더불어 사는 동안 하나님께 대한 외적인 예배를 존중하고 보호하며, 건전한 교리와 교회의 지위를 보호하며, 우리의 생활을 인간 사회에 적응시키며, 우리의 행위를 사회 정의와 일치하도록 이끌며, 우리가 서로 화해하게 하여 전체적인 평화와 평온을 증진케 하는 것이다."

놀랍게도 이런 칼빈의 가르침은 우리 헌법 제37조 2항에도 그대로 명시되어 있다.

"국민의 모든 자유와 권리는 국가 안전 보장, 질서 유지, 또는 공공 복리를 위하여 필요한 경우에 한해 법률로서 제한할 수 있으며, 제한하는 경우에도 '자유와 권리의 본질적 내용'을 침해할 수 없다."

재세례파의 정치관: 국가와 교회의 단절

반면 종교개혁 이후 등장한 재세례파anabaptist는 정반대의 자세를 취했다. 그들은 초대교회로 완전히 돌아가야 한다고 생각했다. 성경에 따르면 초대교회는 국가의 정치에 관여하지 않았고 그저 국가로부터 박해를 당할 뿐이었다. 그래서 그들은 "우리가 국가의 정치에 관심을 가져선 안 된다. 국가의 정치는 마귀의 영역이다. 정치는 항상 교회를 공격했다!"라고 주장하며 국가와 교회의 완전한 단절을 주장했다. 오늘날 기독교가 국가의 정치에 무관심해야 한다는 사고가 어디서 비롯되는가를 깊이 있게 생각해 볼 필요가 있다.

인본주의의 유물론적 정치관: 우연적 진화를 통한 발전

인본주의의 전제는 기독교와 정반대이다. 그리스도인들은 하나님의 주권이라는 관점에서 바라보지만 인본주의자들은 우연과 진화의 주권으로 바라본다. 왜냐하면 그들은 무신론자이기 때문에 신의 빈자리를 우연과 진화로 채우는 것이다. 그들은 정치가 우연적인 진화에 의해 발전한다고 이해한다. 이를 다른 말로 유물론적 계급투쟁이라고 한다. 계급투쟁을 일으켜서 투쟁에 의한 우연의 결과에 모든 걸 맡기는 것이다. 그러면 정치가 자연히 진화할 것으로 보는 이해이다.

예를 들어, 두 사람의 의견에 서로 불일치가 발생했다. 그러면 의견의 대립이 있어도 계속되는 투쟁으로 결국 좋은 결과를 우연히 얻어낸다는 것이다.

인본주의자들은 사람을 낙관적 시선으로 바라본다. 그래서 그들은 정正과 반反의 갈등으로 긍정적인 결과를 얻어낼 수 있다고 믿는다. 그렇게 해서 역사는 진행되고 그렇게 해서 정치가 진보한다고 생각한다. 그래서 이들은 혁명을 굉장히 긍정적으로 평가한다. 왜냐하면 혁명으로 인해 비록 피를 흘리게 된다고 해도 정치와 역사는 결국 갈등의 끝에 진화한다고 믿기 때문이다. 이것이 유물론적 역사관이다.

기독교와 인본주의: 개인인가? 전체인가?

　기독교가 사람을 중요하게 여기는 이유는 사람이 하나님의 형상으로 창조됐다고 보기 때문이다. 그래서 각 개인에게 큰 가치를 둔다. 이렇게 개개인에게 큰 가치를 둘 때 여기서 인권이라는 개념이 가능하게 된다. 반면 과거 봉건 군주시대처럼 개인을 전체의 부품 정도로 여기던 시대에는 인권이란 결코 존재할 수 없다. 개인보다는 전체의 안전과 존속이 더 중요하게 여겨지기 때문이다. 고로 군주가 마음에 안 들거나 국가 통치에 위해가 된다면 얼마든지 피지배 계층에 속하는 자들은 아무렇지도 않게 희생되었다. 개인의 인권이 존중되지 않기 때문에 이런 일이 쉽게 자행되는 것이다. 그러나 민주주의가 도래하자 개인의 가치가 존중되면서 개인주의가 나왔고 개인의 존엄이 존중되었다.

　인본주의는 개인보다 전체를 항상 앞세운다. 그래서 그들은 다수의 안전과 행복과 평화를 위해 소수를 희생시키는 것을 당연하게 여긴다. 벤담[Bentham]의 공리주의가 여기에 속한다. 사실 북한이나 중국의 공산주의도 마찬가지다. 그들은 전체, 곧 체제의 수호를 위해 수많은 개인들의 죽음을 하찮게 생각한다. 그들에게는 전체만이 중요하고 개인은 중요하지 않다.

11

기독교 정치관의
두 번째 전제를 위한 질문

11
기독교 정치관의 두 번째 전제를 위한 질문

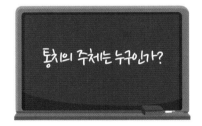

하나님의 통치 대리자: 하나님의 형상으로서 사람

성경은 통치의 주체를 하나님이라고 가르친다. 성경에 따르면, 하나님께서는 사람을 그분의 형상대로 창조하셨고 사람은 곧 하나님의 통치 대리자이다. 따라서 사람은 이 세상을 다스리며 하나님의 통치를 대신 실현해야 한다. 여기서 통치 영역은 단순히 종교적인 영역에만 국한되지 않는다. 이를 넘어서 가정, 사회, 국가 등 모든 영역에서 그분의 통치를 나타내야 한다.

종교개혁자들의 직업관: 하나님의 통치를 구현하라

종교개혁자들은 사람이 하나님의 대리 통치자라는 사실을 직업으로 말하곤 했다. 그들에게 직업은 단지 생계유지나 부유함의 수단이 아니었다. 하나님의 통치를 구현하기 위해 주어진 소명으로 이해했다. 따라서 정치가라는 직업의 소명도 결국 하나님의 통치를 구현하기 위함으로 이해하는 것은 지극히 당연하다. 만일 어떤 영역들은 하나님의 통치 구현을 위해서 필요하다고 생각하면서 정치의 영역만은 아니라고 주장한다면 그것은 일관성을 상실한 모순임에 틀림없다.

정치가는 하나님의 법으로 그분의 통치를 실현해야 한다

그렇다면 하나님의 통치 대리자로서 정치가는 국가의 정치를 어떻게 해야 하는가? 미국 헌법의 기초를 만든 윌리엄 블랙스톤William Blackstone은 "모든 인간의 법은 두 가지 토대들, 자연의 법과 (성경의) 계시의 법에 의존한다. 즉, 이 두 가지를 부정하기 위해 사람의 법이 허용되어선 안 된다."라고 말했다.[42] 여기서 자연은 하나님의 일반 계시를 뜻하고 계시는 특별 계시인 성경이다. "하나님의 법이 국가의 모든 법 조항의 근간이 되어야 한다."가 블랙스톤이 내린 답이다.

실제로 자유민주주의적 이념에 기초한 미국의 헌법이 이를 반영했고 이것이 우리나라에도 도입된 것이다. 따라서 기독교적 정치의 전제는 하나님께서 통치의 주체가 되시며 그분께서 사람을 통치 대리자로 삼으셔서 하나님의 법, 곧 성경으로 이 세상을 다스린다는 사실이다. 다시 말하지만, 사람은 하나님의 법, 자

---

42) Williams Blackstone, *Of The Nature of Laws in General, Commentaries*, (1753), 39-41.

연(일반 계시)과 계시(성경)에 근거하여 하나님의 통치를 구현하는 대리 통치자이다. 따라서 하나님의 법을 통해 세상을 다스린다는 이해에서 자연스럽게 법치주의라는 개념이 나온다.

뉴잉글랜드의 청교도: 종교의 자유가 보장되는 나라

메이플라워호를 타고 뉴잉글랜드에 도착한 청교도들이 법을 만들 때 가장 먼저 관심을 가졌던 것이 신앙의 자유이다. 그들은 신앙의 자유를 보장해주는 국가가 세워지길 원했다. 거기서 나온 것이 정교분리separation of church and state다. 교회와 국가가 분리돼야만 하는데 이 분리는 교회가 국가에 관심을 끊으라는 뜻이 아니다. 국가가 교회의 신앙에 관여하지 말아야 한다는 뜻이다. 그래서 미국의 수정 헌법 제1조는 다음과 같이 진술한다.

"의회는 국교 수립에 관한 법률이나 종교의 자유로운 향유를 금하는 어떤 법률도 제정할 수 없다"(Congress shall make no law respecting an establishment of religion, or prohibiting the free exercise thereof). [43]

이 의미를 간략하게 해설하면, 국가가 교회를 규정해서는 안 되고 또 특정 종교를 지지하거나 국가 종교를 만들어서는 안 된다는 것이다. [44] 이게 정교분리의

---

43) 미국 수정헌법 1조의 전술은 다음을 참고했다. Amendment 1, United States Constitution. www.law.cornell.edu/constitution/constitution.billofrights.html.

44) 양낙흥 교수는 미국의 수정헌법 1조를 다음과 같이 해설한다. "이 조문의 의미는 이제 더 이상 국교라는 것은 있을 수 없으며 국가는 어떤 종교(이 경우 기독교의 교파)도 천거하지 않고 철저히 종교적 중립을 지킬 것이므로 종교 문제는 개개

의미이다. 그러므로 오늘날 정치에 대한 교회의 무관심이 정교분리의 원칙이라는 주장은 엄연히 잘못된 것이다. 만일 교회가 정치에 관심을 끊어버리면 결국 정치의 영역은 타 종교나 이단, 무신론자의 몫으로 돌아가게 될 것이며 이를 통해 교회는 교회에 적대적인 다른 종교인들이나 무신론자들의 통치를 받게 될 것이 자명하다.

한 예로, 이슬람이 어떤 나라를 이슬람화시키는 작업을 할 때 그들은 사람의 숫자로 규정하지 않는다. 도리어 국가의 정치 장악의 여부로 규정한다. 정치만 장악한다면 그들에게 무슬림의 많고 적음은 큰 상관이 없다는 것이다. 만약 이슬람이 우리나라의 정치를 장악했다고 가정해보자. 그러면 우리는 무슬림 정치가가 정한 샤리아법을 따라야 하며 교회가 샤리아법을 거부하면 이슬람 국가들에게서 나타나는 끔찍한 순교를 감수해야 한다. 이런 관점에서 본다면 그리스도인들이 정치에 무관심한 것이 적절한지 깊이 고민해야 한다. 도리어 정치적 게으름과 무관심은 하나님의 진노가 교회에 쏟아지는 방식이 될 수도 있다고 생각해야 한다.

청교도들은 "언덕 위에 도시", 곧 하나님께서 다스리시며
하나님의 통치가 온 나라에 가득해서
정의가 하수같이 공법이 물같이 흐르는 국가를 원했다.

인이 각자의 양심에 따라 결정하라는 것이었다." 양낙흥, "선거 설교를 통해 나타난 청교도 목사들의 정치관".

인본주의에서 통치의 주체: 사람의 자율autonomy

인본주의자들에게 통치의 주체는 누구일까? 인본주의에서 통치의 주체는 법보다는 각자가 자기 소견에 옳은 대로 살아가는 것이다. 그러나 인간의 자율은 놀랍게도 독재자의 자율autonomy에 도달한다.[45] 독재자가 통치의 주체가 되어 자신의 철학과 사고로 국가를 다스리고 여기에 속한 모든 국민은 자유를 상실한다.

플라톤Plato의 『국가』(The Republic)에는 철인정치rule of philosophers에 관한 이야기가 나온다. 독재자가 철학자가 되어서 모든 사람은 철학자의 자율적 사고에 복종해야 한다는 것이다.[46] 이게 인본주의적 사고다. 반면 기독교(신본주의)는 하나님의 법, 곧 하나님의 말씀만이 절대적이고 그것만이 복종할 가치가 있다고 본다. 앞서 언급한 자연(일반 계시)과 계시(성경)에 말이다.

인본주의는 '1인 독재' 외에 '군중 독재'(ochlocracy)라는 통치를 채택하기도 한다. 이를 전체주의Totalitarianism라고도 표현한다.

예를 들어, 다수가 불법적인 A를 주장한다고 치자.

그러면 소수가 주장하는 B는 아무리 합법적이라 하더라도 다수의 주장에 짓밟힘을 받게 된다. 2008년 우리나라에 있었던 미국산 쇠고기 논란이 그 사례이다. 헌법과 무관하게 "미국산 쇠고기는 안 된다!"라고 다수가 외치자 그것이 법처럼 되어 버렸다. 쉽게 말해, 떼법Mob rule의 방식을 취하는 것이다. 그러면 법의 권위가 침해를 당하게 되고 소수의 자유가 속박을 받는 상황이 필연적으로 발생한다.

---

45) 여기서 사용하는 자율은 6.8운동 이후 생성된 자율주의 개념이다.

46) 플라톤, 『국가론』, 이환 편역 (서울: 돌을새김, 2015), 161.

그러므로 '1인 독재'나 '군중 독재', 둘 중 무엇이 되었든지 국가의 법이 무시되고 사람의 자율적 판단이 법이 될 수 있다는 사고는 곧 인본주의적 사고이다. "사람은 자율적 존재이므로 이 자율에 의해 모든 것을 다스려야 한다."라고 생각한다. 이런 사고가 만들어 낸 것이 바로 '왕이 곧 법'[47]이라는 개념이다. 과거 봉건 국가의 통치 방식이다. 그래서 왕의 마음에 안 들면 그 자리에서 자기 마음대로 사람을 처형할 수 있게 된다. 떼법이 되면 인민재판이 되는 것이다.

실례로, 북한은 김정은의 마음에 안 들면 고위 간부라고 해도 총살을 당한다. 어떻게 이런 일이 가능한가? 개인(독재자)의 자율로 법을 규정할 수 있다고 생각하기 때문이다. 누군가가 독재자를 법으로 규정하면 그를 추종하는 사람은 그 법(독재자)에 의해 억압을 받게 된다. 그래서 개인의 자유는 사라진다.

개인의 자유는 통치자도 복종할 수밖에 없는 법의 보호가 존재할 때 보장된다. 법이 절대화되지 않으면 개인의 자유는 결코 보장받을 수 없다. 그러나 '1인 독재'나 '군중 독재'에서는 독재자가 곧 법이기 때문에 자신을 보호하려면 1인 독재자나 다수의 군중의 눈치를 보고 복종해야 한다. 이게 소위 공산주의나 사회주의 국가에서 흔히 나타나는 현상이다.

인본주의의 자율적 통치를 원하는 이유: 유토피아^{utopia}의 환상

그러면 왜 많은 사람은 이런 인본주의적 사고에서 비롯된 통치 구조를 추구할까? 그 이유는 바로 유토피아 때문이다. 1인 독재나 군중 독재는 항상 국민에게 유토피아를 약속한다. 그래서 유토피아에 미혹된 사람들을 독재자를 지지하

---

47) 프란시스 쉐퍼, 『기독교 선언』, 김진홍 역 (서울: 생명의말씀사, 1995), 81. 사무엘 러더포드(Samuel Rutherford)는 "법은 왕이며, 만약 왕과 정부가 법에 불순종한다면 그들에게 복종할 필요가 없다."고 말했다.

며 그에게 절대적인 권위를 허용한다.

군중 독재도 마찬가지다. 다수가 추구하는 바가 유토피아를 보장한다고 믿으면 법치가 무시되고 사회가 전복된다. 그러나 1인이든 군중이든 독재자들이 보장하는 유토피아는 신기루에 불과하다. 그런데도 독재자들은 항상 대중의 욕심들을 자극하여 사람들의 판단력을 흐리게 만들고 먼 미래를 약속한다. 그리고 놀랍게도 군중들은 매번 미혹된다.

대표적인 예로, 오늘날의 베네수엘라와 그리스를 들 수 있다. 베네수엘라의 니콜라스 마두로^{Nicolas Maduro} 대통령은 이미 지난 8월 최저임금을 3,500%(35배)나 인상하면서 국민들이 유토피아의 환상에 빠지도록 했다. 이런 정치 공약은 일종의 마약처럼 사람들의 판단력을 흐리게 만든다. 그러나 이것으로 국민의 생활은 결코 부요해지지 않았다. 도리어 더 심각한 물가 급상승으로 돈은 휴지조각으로 취급되고 말았다. 이제 여자들은 매춘을 하지 않고서는 청바지 하나를 살 수 없는 지경이 되고 말았다.

그러므로 우리는 "통치의 주체가 누구인가?"에 대해 분명한 답을 내려야 한다.

하나님의 법인가?
아니면 사람의 자율인가?

둘 중 무엇으로 다스릴 때 국가를 더 부강하게 세울 수 있는가?
우리는 역사와 오늘날의 여러 사례를 통해 이에 대해 숙고해 보아야 한다.

기독교 정치관의
세 번째 전제를 위한 질문

12
기독교 정치관의 세 번째 전제를 위한 질문

　기독교 정치관의 세 번째 전제를 위한 질문은 "사람이 완전해질 수 있는가?" 이다. 즉, "사람이 완전하기에, 유토피아를 건설할 수 있다고 보는가?", 아니면 "사람은 타락한 존재이며 불완전하기에 하나님의 섭리에 의존하는 존재로 보는 가?", 둘 중 어떤 답을 내리냐에 따라 정치에 대한 이해가 하늘과 땅으로 갈라지게 된다.

미국 국새의 의미: 미완의 피라미드와 눈

먼저는 달러의 그림으로 이야기해보자. 달러에는 흥미롭게도 피라미드가 그려져 있다. 특히 이 피라미드를 잘 살펴보면 미완성의 피라미드임을 알 수 있다. 피라미드의 위쪽이 공중에 살짝 떠 있고 여기에는 눈eye이 그려져 있다.

이 그림을 보면서 우리는 초창기 미국의 국새를 제작했던 위원회는 왜 이런 문양을 새겨 넣었을지 질문을 던지게 된다. 누군가가 말하는 것처럼 프리메이슨의 상징이 새겨진 것인가? 여기서 피라미드는 힘과 지속Strength and Duration을 의미한다. 따라서 피라미드가 미완성이라는 사실은 미국의 불완전성을 나타내고, 그 위에 눈eye은 불완전한 미국 위에 있는 하나님의 섭리를 뜻한다.

이것을 호루스의 눈이라고 주장하는 사람들이 있지만, 사실은 '하나님의 섭리의 눈'으로 이해하는 것이 적절하다. 이런 주장은 피라미드의 위쪽에 기록된 라틴어 문구 Annuit Coeptis(아누이트 셉티스)가 잘 말해주고 있다. 그 뜻은 "하나님께서 우리가 하는 일을 돌보신다."이다. 이 문구는 하나님의 섭리를 분명하게 나타낸다. 한편 피라미드 하단에는 다음과 같은 라틴어가 기록되어 있다. NOVUS ORDO SECLORUM(노부스 오르도 세클로룸), 이 라틴어의 뜻은 "새로운 시대의 질서"이다. 이것을 뉴에이지 사상으로 오해하는 사람들이 많다. 하지만 이 문구는 미국이 영국으로부터 독립하면서 새로운 질서가 시작됐다는 의미에서 사용된 것이다.

또 피라미드의 아래쪽에는 MDCCLXXVI, 이는 "1776"으로 미국의 독립기념일을 지칭한다.[48] 아울러 피라미드 위에 분리된 삼각형과 섭리안은 전통적인 자료에 비춰볼 때 삼위일체 하나님을 상징하는 그림에 가깝다.[49]

오늘날 세대주의자나 여러 음모론자는 달러의 피라미드가 프리메이슨 Freemason이나 일루미나티Illuminati에 의해 삽입됐다는 주장을 펼친다. 하지만 일루미나티는 "완전성의 언약"(Covenant of Perfectibility), 곧 사람의 완전성을 모토로 삼았기 때문에 미완성 피라미드와는 도무지 맞지 않는다. 아울러 프리메이슨은 미국의 국새가 만들어진 15년 이후부터 피라미드와 눈의 상징을 사용했기 때문에 프리메이슨이 국새를 만드는 데 영향을 끼쳤다고 생각하기엔 시간상 차이가 너무 크다. 그들은 섭리안도 "호루스의 눈"이라고 주장하지만 이는 지나친 억지에 불과하다.

일루미나티가 상징으로 사용하는 피라미드는 항상 미국 국새와 달리 "완성된 피라미드"이다. 완성된 피라미드란 "사람의 힘으로 세상을 완성할 수 있다. 정

---

48) 1782년 6월 20일 의회에 의해 채택된 국새의 의미를 당시 찰스 톰슨(Charles Thomson)은 공식 문서인 "언급과 설명"(Remarks and Explanation)에서 다음과 같이 진술한다. "뒷면에 피라미드(pyramid)는 '힘과 지속'(Strength and Duration)을 의미한다. 그 위에 있는 눈(eye)과 모토(motto)는 미국의 대의에 찬성하는 섭리의 많은 징조적 개입을 암시한다. 아래의 날짜는 독립선언서의 날짜이고, 그 아래의 단어는 새로운 미국 시대의 시작을 뜻한다." 한편, 이후 미국의 대통령들은 이 피라미드가 미완성이라는 점에 대한 여러 해석을 내놓기도 했다. 제퍼슨(Thomas Jefferson)은 "혁명을 시작하는 세대는 좀처럼 완성하지 못한다.", 케네디(John F. Kennedy)는 "미국 역사는 완전히 죽거나 끝나지 않았다. 항상 살아있고, 항상 자라나며, 항상 미완성이다." 오바마(Barack Obama)는 "우리의 연합의 미완성을 완성하는 일은 우리 각자의 몫이다." 이외에도 미국의 국새에 대한 여러 자료는 https://www.greatseal.com/symbols/explanation.html를 참고하라.

49) 중세 기독교 그림들을 보면, 삼각형 안에 눈(eye)이 들어있는 문양을 자주 볼 수 있다. 이는 다른 이방의 신과 구별된 삼위일체 하나님을 나타내기 위한 상징적 문양에 해당한다.

치를 완성할 수 있다."라는 생각을 내포한다. 따라서 우리는 세상 정치에 대한 두 가지 관점을 여기서 발견하게 된다. 사람의 정치는 불완전하며 하나님의 섭리로 다스려진다는 신본주의적 관점과 또 사람의 능력과 지혜로 세상의 정치를 완성할 수 있다는 인본주의적 관점이다.

큰 정부와 작은 정부: 세속 정치는 완전한가? 불완전한가?

"세속 정치가 완전할 수 있는가? 아니면 불완전한가?" 이는 작은 정부Small Government와 큰 정부Big Government의 문제와도 긴밀히 연결된다. 작은 정부는 사람에게 역할을 많이 부여하지 않고 하나님의 섭리에 맡긴다는 개념이다. 이런 개념이 아담 스미스Adam Smith의 사상에서도 잘 나타난다. 아담 스미스는『국부론』(The Wealth of Nations)과『도덕감정론』(The Theory of Moral Sentiments)에서 "보이지 않는 손"(Invisible hand)을 언급하는데, 이는 "보이지 않는 하나님의 손"(섭리의 손)을 뜻한다.[50]

기독교적 관점에서는 정치, 경제, 사회 등 모든 분야에 있어서 하나님의 주권과 섭리가 있다는 전제로 바라본다. 그래서 기독교적 관점은 작은 정부를 추구한다. 이는 정부가 국민을 최소의 필요만큼 통제하며 다스리는 것이다. 그리고 최소한의 통제를 통해, 국민 개인의 자유를 최대한으로 보장한다. 여기서 자유

---

50) 이근식,『애덤 스미스 국부론』(서울: 쌤앤파커스, 2018), 55.; 학계에는 아담 스미스(Adam Smith)가 이신론(Deisim)을 신봉했고, 계몽주의 신화(Enlightenment myth)에 근거하여 "보이지 않는 손"(Invisible Hand)을 주장했다는 견해가 많다. 대표적인 예가 Donald G. Bloesch, *Freedom for Obedience: Evangelical Ethics in Contemporary Times* (Eugene, OR: Wipf and Stock Publishers, 2002), 259-260. 그러나, 스프로울(R.C Sproul)은 스미스(Smith)의 "이 세상에는 원인과 결과가 있다. 그러나 우리는 무엇보다도 궁극적인 인과가 있고, 이게 없이는 더 낮은 인과가 없다는 것을 인식해야 한다. 따라서 온 우주는 신의 보이지 않는 손에 의해 조정된다."라는 설명을 정통적 섭리의 설명으로 이해한다. R. C. Sproul, *Does God Control Everything?* (Orlando, FL: Reformation Trust, 2012), 11. 즉 스미스의 섭리 이해가 어떠했든지, "보이지 않는 손"에 대한 부분만큼은 정통적 섭리에 가깝다.

민주주의의 개념이 도출된다.

반면 인본주의의 관점은 앞서 말한 바와 같이 '호루스의 눈'으로 모든 것을 통제하는 "완성된 피라미드"를 추구한다. 모든 영역을 통제하기 위해 아주 치밀하고 체계적인 통제 구조를 세우려 한다.

이에 대한 예를 조지 오웰^{George Orwell}의 『1984』에서 찾아볼 수 있다. 거기서 "빅브라더"_{Big Brother}는 카메라를 통해 모든 사람의 일거수일투족을 철저히 감시한다. 그리고 **사람의 통제와 설계를 통해 완전한 유토피아를 만들 수 있다고 생각한다.** 이것이 바로 인본주의적 정치관의 산물이다. 그리고 이런 통제를 위해 작은 정부가 아니라 큰 정부가 요구된다.

큰 정부는 국민을 통제하기 위하여 의식주衣食住의 모든 문제를 다 책임지려고 한다. 마치 정부가 국민의 행복을 보장할 수 있는 것처럼 행동한다. 이런 정부의 행동에 대해 벤 샤피로^{Benjamin Aaron Shapiro}는 "정치는 행복을 추구하는 데 필요한 틀을 만드는 작업이지 그 자체로 행복의 근원은 아니다."라고 적절히 지적했다.[51]

아울러 토머스 제퍼슨^{Thomas Jefferson}이 "정부가 우리에게 행복을 부여할 권한을 갖고 있지 않다"라고 한 말도 우리는 기억해야 한다.[52] 여기서 주의사항은 국가가 국민의 모든 문제를 책임질 때 삶이 평안해질 것으로 생각하기 쉽지만 사실은 그렇지 않다는 점이다. **국가가 국민의 모든 것을 책임진다는 것은 국민의 모든 영역을 통제하고 제한한다는 것을 의미한다.**

예를 든다면, 직업을 책임진다는 것은 직업을 통제한다는 것이고 먹는 것을 책임진다는 것은 먹는 것을 얼마든지 제한할 수 있다는 것을 의미하기 때문이

---

51) 벤 샤피로, 『역사의 오른편 옳은 편』, 노태정 역 (서울: 기파랑, 2019), 45.

52) Ibid.

다. 이 사실을 잘 보여주는 정치집단이 바로 북한이다. 북한은 국민의 의식주를 책임진다. 그러나 책임만 지는 것이 아니라 이것을 국민 통제의 수단으로 삼고 있다. 이렇게 국민의 국가 의존도가 높을수록 국민은 그만큼 국가의 노예가 될 수밖에 없다.

큰 정부의 목적: 유토피아 건설을 위한 국민 개량

큰 정부에 대해 무엇보다 주의할 사항은 "사람이 완벽해질 수 있다"는 위험한 생각이며, 여기서 사회 개량론meliorism이 나온다. [53] 이런 생각은 결국 유토피아에 대한 환상으로 귀결된다. 그래서 큰 정부의 기준에 완벽하지 못한 사람이 보이면 "그 사람을 개량해야 한다."라는 생각을 품는다. 그래서 큰 정부가 제시하는 체제에 적응하지 못하거나 동조하지 않는 자들을 개량하기 위한 사회적 체계를 수립하게 된다.

오웰Orwell의 『1984』에는 정부의 통제를 받지 않거나 정부가 요구하는 바에 대해 거부감을 품는 사람을 위한 수용소가 등장한다

실제로 작금의 공산주의 국가를 보면 어느 나라나 수용소가 있다. 과거의 소련이나 중국, 북한도 마찬가지이다. 수용소는 유토피아 건설을 위해 개량이 필요한 사람들을 집어넣어 개조하는 시설이다. 거기서 끊임없는 고문, 강압, 세뇌의 작업이 자행된다. 이런 개조 작업을 통해 정부는 자신들이 생각하는 "유토피아에 적합한 사람"으로 개조한다.

북한의 경우는 개조가 잘 안 될 경우 그들의 자유를 최대한 속박할 수 있도록

53) 러셀 커크, op. cit., 67.

"5호 담당제"를 실시한다. 이는 1인당 5명씩 감시 관리를 하는 제도이다. 이것은 조지 오웰의 『1984』에서 나온 빅 브라더의 감시 카메라처럼 사람을 통해 통제하는 것이다. 가족들이 서로 감시하고 이웃이 서로 감시하는 그물망 구조로 모든 사람을 개량하면 완벽한 유토피아 사회 건설이 가능하다고 믿는 것이다. 그러나 결과는 항상 디스토피아dystopia일 뿐이다.

큰 정부가 주는 혜택인가? 작은 정부가 주는 자유인가?

오늘날 국가가 계속 사회복지를 확충할 때, 이는 결코 좋은 현상이 아니다. 사회복지가 자꾸 늘어나면 국민의 국가 의존도는 높아진다. 국가 의존도가 높아진다는 것은 결과적으로 국가의 노예가 되는 자유의 제약을 초래한다. 앞에서 언급했던 것처럼 국민이 국가에게 먹는 것을 의존한다면 국가는 먹는 것으로 사람들의 자유를 통제할 권한을 갖게 된다.

상당수 사람들은 순진하게 국가가 국민의 복지와 행복을 책임으로서 국민의 부모역할을 하는 것이 당연하다고 생각한다. 이런 생각을 했던 사람이 바로 장 자크 루소Jean Jacques Rousseau였다. 그는 자신의 저작 『사회계약론』(The Social Contract)의 서두에서 다음과 같이 말한다.

> "국가는 백성들의 아버지 역할을 해야 된다. 국가는 국민의 모든 가난과 헐벗음과 그리고 부족함을 채워주는 역할을 해야 된다. 그러지 못하는 국가는 무능한 국가다."[54]

---

54) 장 자크 루소, 『사회계약론』, 김중현 역 (펭귄클래식코리아, 2015), 35.

이 말은 언뜻 상당히 옳은 말처럼 보인다. 그러나 사실 루소는 본래 일하기 싫어하는 성향을 가졌고 인생도 상당히 무책임하게 살았다. 그래서 그는 슬하에 자녀가 셋이나 있었지만, 그들을 부양하지 않고 고아원에 보내버렸다.[55] 그뿐만 아니라 자신은 일하기 싫어서 당시 돈 많은 과부 바랑스 부인의 애인으로 살며 풍요를 누렸다. 그리고 그 책임을 국가 탓으로 돌린 것이다. 자신의 무책임을 국가의 무책임으로 책임 전가한 것이다. 그런데 이런 무책임한 개념이 프랑스 혁명의 기초가 됐고 마르크스주의에 영향을 끼쳤으며 결국에는 공산주의의 이념적 토대를 이루었다.

> 그러므로 우리는 오늘날 국가를 바라보며
> 편안함과 게으름을 추구하며 국가가 행복을 보장해주길 바랄 것인지,
> 아니면 어렵더라도 부지런히 노력하며 자유와 행복을 스스로 추구하는
> 자유민주주의를 추구할 것인지를 고민해야 한다.

이 질문에 올바로 답하려면 국민의 의식 수준이 높아야 한다. 그리고 그 의식 수준을 높이는데 교회가 주된 역할을 해야 한다. 이것이 자유민주주의가 건강하게 세워지는 방식이다. 그렇기 때문에 어느 시대나 사회주의나 공산주의 국가는 국민의 국가 의존도를 높이고 노예로 만들기 위해 국민 의식을 최대한 낮추고자 교회를 탄압한다.

---

55) 폴 존슨, 『지식인의 두 얼굴』, 윤철희 역 (서울: 을유문화사, 2020), 17.

결론적으로 정치를 바라보는 전제, 곧 우리가 기억할 전제로서의 답을 얻기 위한 질문은 총 세 가지이다.

첫째는 "누가 주권자인가?"

이에 대한 답으로 하나님과 사람, 둘 중에 무엇을 택하느냐에 따라 기독교와 인본주의의 정치관으로 나뉜다.

둘째로 "누가 통치의 주체인가?"

이 질문 역시 하나님의 법과 사람의 자율 중 무엇을 택하느냐로 갈라진다.

마지막으로 "사람과 국가는 완전해질 수 있는가?"이다.

이에 대해서도 유토피아를 꿈꾸며 큰 정부를 원한다면 '인본주의적 정치관'이고, 사람의 불완전함과 하나님의 섭리를 인정하며 국민에게 최소한의 권력을 행사하는 정부를 주장한다면 '기독교적 정치관'이다. 그러므로 우리는 혼란스러운 이 시대 속에 정치를 바라보는 이러한 세 가지 전제를 명확히 구분하고 기독교적 정치관을 확고히 다져야만 한다.

기독교와 사회(1)

13
기독교와 사회 (1)

기독교와 사회: 성속의 이원론 문제

작금의 기독교는 사회를 향한 책임을 다하지 않는다는 이유로 여러 질타를 받는다. 사실상 오늘날 기독교는 사회에서 무가치한 종교처럼 인식이 된다. 그런데 기독교가 이런 평가를 받는 근본 원인은 무엇일까? 물론 여러 가지를 말할 수 있겠지만 그중 하나로 성속聖俗 이원론을 뽑을 수 있다. 쉽게 말해 "기독교는 종교적 예식만 잘하면 되고 사회에 관심을 가질 필요는 없어!"라는 사고다. 이것이 한동안 당연하듯 기독교계 안에 팽배했다.

그리스도인은 세상에 거하지만 속하지는 않는다

예수님은 "너희는 세상의 소금이며 빛"(마 5:13-14)이라고 말씀하셨다. 기독교는 세상을 떠나 존재하지 않는다. 불교는 세상과 물리적으로 떨어져 세속으로부터의 분리를 주장하지만 기독교는 그렇지 않다. 교회는 세상에 거하지만, 세상에 속하지는 않는다. 이것은 그리스도인을 규정하는 아주 중요한 명제다. 즉, 그리스도인은 세상으로부터 물리적이 아니라 영적으로 구별된다.

교회가 세상 속에서 빛의 역할을 감당하지 못한다면 누가 어둠을 밝히겠는가? 그리스도인이 소금의 역할을 하지 못한다면 누가 맛을 내겠는가? 만일 신자가 사회, 정치, 교육의 분야에 관심을 가지고 그 방면으로 기독교적 영향을 끼치려고 할 때 그를 세속적인 사람처럼 취급한다면 그것은 분명히 플라톤주의적이고 불교적인 인식이다.

실제로 이런 이원론적 사고를 취하는 교파가 바로 로마 가톨릭이다. 그들은 성과 속을 분명하게 구분한다. 그래서 종교적 영역은 거룩하고 그 외에는 거룩하지 않으며 세속적이라고 주장한다. 이런 사실은 로마 가톨릭이 신부를 성직이라고 부르고 평신도들의 직업을 세속직으로 간주한다는 점에서 분명하게 드러난다. 그러나 개신교는 성과 속을 구분하지 않는다. 우리는 하나님의 영광을 위한 모든 직업과 영역을 다 거룩하다고 믿는다. 그래서 우리는 성과 속을 구분하지 않는 일원론적一元論的 사고방식을 취한다.

기독교는 전체보다 개인이 우선한다

사회에 관하여 말할 때 먼저 관심을 가져야 하는 대상은 개인이다. 만일 개인을 무시한 채로 사회를 우선시하면 그것은 전체주의로 나아갈 가능성이 크다. 이런 사회는 개인을 사회의 부속품이나 소모품 정도로 취급한다. 그래서 기독교나 자유민주주의 국가는 항상 사회를 생각할 때 개인에서 출발한다. 하지만 공산주의나 봉건주의 국가에서는 개인보다 전체를 먼저 고려한다. 이로 인해 개인의 존엄성을 위협한다.

16세기에 종교개혁이 일어나 유럽에 점차 확산되자 국가의 봉건 제도는 무너졌고 비로소 개인이라는 존재에 관심을 기울이기 시작했다. 이점은 뱅모 박성현 씨도 '유럽의 개인은 기독교의 자식'이라고 인정한다.[56] 따라서 종교개혁의 산물인 기독교는 개인을 아주 중요하게 여긴다. 이걸 개인주의라고 명명할 수 있다. 여기서 상당수 사람들이 개인주의와 이기주의를 혼동하는 경향이 있다. 개인주의는 인간의 존엄성과 개인의 자유에 관한 문제를 염두에 둔 개념이다. 이는 법 안에서 인간의 독립적인 사고와 활동을 존중해주는 것을 뜻한다.

흔히 사회에서 책임을 말할 때 간혹 이런 경향이 있다. 예를 들어, 어떤 단체가 과격하게 시위를 하다가 한 상점을 망가뜨렸다고 치자. 이때 전체주의적 사고를 지닌 자들은 이 상점의 손해나 피해를 끼친 책임을 전체에 떠맡긴다. 아무도 책임지려하지 않는다. 그리고 개인은 슬며시 빠져나간다. 반면 기독교적 사고는 항상 사회의 책임에 있어서 개인을 먼저 고려한다. 이를테면 "한국 사회가 굉장히 혼란해졌다!"라는 문제를 고려할 때, 우리는 사회 전체에 책임을 떠맡기기보다 먼저 내 개인의 책임과 죄를 참회하며 시작한다. '내가 기도하지 않았구나. 내가 이 문제에 대해서 너무 무관심했구나. 내가 이 문제에 대해서 자신을 희생하지 않았구나.' 이렇게 개인의 각성과 인식을 먼저 앞세우는 것이 기독교

---

56) 박성현, 『개인이라 불리는 기적』 (서울: 심볼리쿠스, 2017), 89.

적 사고다. 따라서 기독교의 전제에서 개인은 상당히 중요하며 우선시된다.

문화에 대한 접근 방식도 기독교는 개인의 변화를 우선시한다. 한 개인이 변하면 변화한 개인들이 사회의 문화를 바꿀 수 있다고 생각한다. 그래서 항상 개인이 하나님 앞에서 어떤 존재인가에 관심을 가진다.

그러므로 기독교는 문화를 통해 전도하는 것보다
개인의 전도를 통해 사회와 문화를 바꾸는데 관심을 가진다.

그러나 오늘날 한국교회는 언제부터인가 개인의 신앙보다 전체, 곧 "교회가 잘 움직여지고 있는가? 교회가 원활하게 성장하는가?"에 집중한다. 그런데 이건 그다지 성경적이지 않다.

과거 봉건시대에는 전체를 위해 개인을 희생하도록 강요했다. 이런 사회에서는 개인의 목숨이 파리 목숨과 같다. 그러나 종교개혁이 일어나면서 사람들의 사고는 점차 바뀌었다. "개인이 변화하여 전체가 변화한다."라는 사고방식이 증가했다. 한 개인을 존귀하게 여기기 시작했다. 그래서 한 개인의 도덕성에 관심을 가졌다. "한 사람이 하나님의 뜻대로 살아가는 존재인가?" 또한 "한 사람이 하나님의 영광을 위해 사는 존재인가?"

기독교의 관심은 전체가 우선이 아니라
개인이 우선이다.

오늘날 벤담Bentham의 공리주의와 같은 사고들은 자꾸만 "사회 전체의 공공 이익utility을 위해 개인의 희생은 당연하다."라고 속삭인다. 그런데 우리 기독교는 그렇게 생각하지 않는다. 사람 숫자가 많으면 많을수록 더 존귀하고 사람 숫자가 적으면 적을수록 덜 존귀한 게 아니다. 개개인의 목숨과 영혼은 다 소중하다. 왜냐하면 성경에 근거할 때 모든 개인은 하나님의 형상으로 지음을 받았기 때문이다. 예수님의 "잃은 양을 찾는 목자의 비유"도 이를 잘 나타낸다(마 18:12-14; 눅 15:3-7). 한 마리의 양을 찾는 일이 전체를 돌보는 일보다 앞선다. 이는 사실 전체주의적 사고에서 볼 때 굉장히 충격적인 말씀이다.

기독교적 사고: 개인이 변하여 전체를 변화시킨다

기독교적 사고, 곧 개인주의적 사고가 확립되면 교회는 교인의 숫자가 많고 적음에 크게 연연하지 않는다. 도리어 "한 개인이 하나님 앞에 올바로 섰느냐"에 관심을 가진다. 그러면서 개인을 시작으로 전체를 바라본다.

만약 개인보다 전체를 우선하게 되면, 개인의 신앙보다 얼마나 많은 사람이 예배당에 출석했고, 교회가 얼마나 효율적으로 전도하는가로 먼저 접하게 된다. 이것이 인본주의로 나아가는 징조이다. 그래서 표면적으로는 "한 개인이 천하보다 귀중하니까 열심히 전도하세요!"라고 가르치지만 천하보다 귀한 한 영혼이 교회 안에 들어오고 시간이 지나면 그 영혼은 전체를 유지시키기 위한 파리 목숨이 된다. 천하보다 귀중하다고 생각해서 전도한 한 영혼이 실족하는 문제에 크게 개의치는 않는다. 도리어 한 사람이 실족하더라도 교회 전체가 빨리 크고 성장하는 데에 더 큰 관심을 기울이다. 그래서 강단에서 개인들에게 과도한 헌금을 요구하고 그 외에도 비-성경적이며 비-인격적인 일들을 마구 자행한다. 왜냐하면 기본적으로 전체를 우선시하는 사고방식이 전제되었기 때문이다. 그러나 기독교의 본모습은 결단코 그렇지 않다.

기독교는 전체의 성장이 더디다고 할지라도
각 개개인이 바로 서는 것을 우선시한다.

마치 사람의 세포 하나하나가 다 건강해질 때 온몸이 건강해지듯이 말이다. 전체를 중요하게 여기는 사고방식은 개인의 존엄성이나 도덕성을 무시하고 항상 효율성을 강조한다. 전체가 얼마나 효율적으로 발전하고 성장하느냐에 따라 개인의 도덕성은 쉽게 간과된다. 그래서 결국 이런 부분이 교회 안에서도 그대로 나타난다. 교회가 성장할 수만 있다면 수단과 방법을 가리지 않는다. 도덕성보다는 성장이 더 중요하다. 그래서 교회가 성장만 할 수 있다면 성경적인가 아닌가는 그다지 고려 대상이 되지 못한다. 교회의 옳고 그름을 따질 때 "그래서 당신들 교회는 몇 명이나 모이는데요?"라는 말이 자연스럽게 나오는 것은 결국 개인을 무시하고 전체를 중요하게 여기는 사고방식이 은연중에 깔린 것이다.

전체를 중요하게 여기는 자는 항상 전체를 바꿔야 한다고 생각한다. 그래서 맹렬히 시위하며 사회 시스템을 바꿔야 한다고 주장한다. 그러나 기독교는 그렇지 않다. 먼저 기독교는 개인의 변화를 통해서 구석구석이 변화되면 결국 전체가 변화된다고 믿는다. 물론 쉐퍼Schaeffer가 말하는 "시민 불복종 운동"도 가능하다. 하지만 이는 정말 최종적인 상황에서만 고려할 부분일 뿐이다.[57] 이보다 먼저 기독교의 사회변혁은 개인의 변화로부터 출발해야 한다.

---

57) 프란시스쉐퍼, op. cip., 93.; 쉐퍼는 다음과 같이 말한다. "우리는 항상 행정관리의 직책에 복종해야 하지만, 그 직책을 가지고 성경에 반대되는 명령을 내리는 사람에게 복종해서는 안 된다."

종교개혁가들의 사회변혁: 직업 소명

종교개혁가들은 그리스도인의 사회변혁을 개인의 직업과 연결했다. 물론, 루터와 칼빈이 이해한 직업의 소명은 약간의 차이가 있다.

먼저 루터는 한번 정해진 직업은 평생 바꾸면 안 된다고 생각했다. 반면에 칼빈은 직업의 소명이 다른 분야로 옮겨질 수 있다고 생각했다. 직업의 소명이 바뀔 수 있다는 점에서 서로 다른 견해를 취했다. 그러나 분명한 점은 개혁자들이 똑같이 사회변혁의 방법으로 직업을 지적했다는 점이다. "내가 이 직업을 통해서 하나님의 영광을 나타내면 그것이 사회를 변혁시키고 이를 통해 세상의 소금과 빛의 역할을 감당하게 될 것이다!"라고 생각한 것이다.

그런데 아이러니하게도 오늘날에는 세상의 소금과 빛의 역할을 감당하려면 "목회자가 돼야만 한다."라고 생각하는 사람들이 많다. 이런 사고가 바로 전형적인 천주교의 성속의 이원론이다. 성경에 따르면, 그리스도인이 세상에 영향을 끼치는 다양한 직업과 방법이 도출된다. 예를 들어, 학생은 공부에 충실하면 되고, 주부는 가정에 충실하고 남편은 남편으로서의 그 위치에 충실하며 부모는 부모로서 자녀에게 충실하고 직장인은 회사에서 자기의 역할에 충실하면서 사회의 구석구석이 거룩하게 개혁된다. 자신에게 맡겨진 각 영역에서 하나님 앞에 섰다는 신전의식神前意識을 가지고 하나님의 영광을 위해 살아가면 사회를 변화시킬 수 있다는 생각이 바로 참된 기독교적 사고다.

기독교와 가정

14
기독교와 가정

가정의 존재 이유와
자녀 양육의 목적

가정은 하나님께서 만드신 제도다

가정은 하나님께서 사람을 창조하시고 가장 첫 번째로 만드신 제도다. 하나님께서는 아담과 하와를 한 몸으로 만드셔서 그들을 통해 하나의 공동체를 만드신 것이다. 구약에서 가정은 확장되어 국가를 형성하고, 신약에서는 오순절 성령 강림으로 교회라는 모습을 형성된다. 따라서 성경이 가르치는 세 가지 제도인 가정, 교회, 국가에서 가정은 교회의 축소판이고, 국가는 교회의 확장판이다.[58] 이에 근거할 때, 건강한 교회는 가정과 국가의 건강한 모델이 될 수 있다. 역사적으로도 자유민주주의는 교회가 국가에 영향을 준 대표적인 예다.[59]

---

58) 웨스트민스터 신앙고백서 가정 참고.

59) 토크빌도 말하듯이, 민주주의 국가의 기본은 본래 교회에서 시작되었다.

가정은 하나님 사랑, 이웃 사랑을 위해 존재한다

가정을 교회의 축소판으로 이해한다면 가정에는 목회자가 존재한다. 그래서 남편이 가정에서 말씀을 가르치고 경건을 훈련하며 가정의 질서로서 머리의 역할을 한다. 특히 교회의 축소판으로서 가정은 사람의 즐거움과 쾌락이 아닌 하나님과 이웃 사랑을 위해 존재한다. 가정의 본질적인 목적은 개인의 행복이 아니다. 하나님께 영광을 돌리고 이웃에 대한 사랑을 실천하는 기초로서 존재한다.

한편 인본주의는 가정의 존재 목적을 인간적인 행복에서 찾는다. 그래서 내가 좋아하고 나를 행복하게 해 줄 사람을 결혼 상대로 여긴다. 기독교는 불신자와의 결혼을 금하는데 이는 개인의 행복보다 하나님의 영광을 우선순위에 두기 때문이다. 그런데 인본주의적 사고에 빠진 사람은 나를 행복하게만 해줄 사람을 찾기 때문에 그 사람의 종교는 크게 고려할 사항으로 여기지 않는다. 사랑은 종교를 극복할 수 있다고 생각한다. 이런 인본주의 사고는 점차 발전하여 동성혼을 추구하고 더 나아가 유럽권에서는 동물과의 결혼 또는 일부다처나 다부일처의 변형된 결혼 형태가 등장하고 말았다. 그들에게 이런 결혼을 가능하게 하는 이유는 나의 인간적인 행복이 모든 것보다 우선한다는 생각 때문이다. 그래서 결혼하더라도 나를 행복하게 해 줄 수 없다면 쉽게 가정을 깨뜨린다. 심지어 자신의 행복을 위해서라면 태아를 낙태시키기까지 한다. 이것은 가정에서 행복이 우상이 되면 얼마나 인간이 잔인해질 수 있고 비인간화될 수 있는지 잘 보여준다.

성경적 가정은 행복을 중요하게 여기지만, 나의 인간적 행복을 우선하지 않는다. 그러므로 내 자녀에게 장애가 있더라도 낙태를 선택하지 않는다. 왜냐하면 나의 인간적인 행복보다 하나님의 영광과 사랑 실천에 우선순위를 두기 때문이다. 그래서 기독교 문화권에 있는 사람들은 입양을 흔하게 한다. 이것이 가능한 이유는 그 나라의 기독교 문화가 인간적인 행복보다 하나님과 이웃 사랑에 중점을 두기 때문이다. 그래서 전통적으로 기독교 가정은 다산多産을 하나님의 뜻으로 이해한다. 또한 의도했든지 안 했든지 임신했다면 절대 낙태를 선택하지 않는다. 반면 인본주의적 가정은 자신의 인간적 행복을 앞세우고 양육하는 비용이나 불편을 고려하여 아예 낳지 않거나 최소한의 자녀만을 낳는다. 어떻게 하든지 자녀를 덜 낳고 자신의 행복을 보장받으려고 노력한다.

가정에서 자녀의 신앙교육은 하나님의 뜻이다

기독교 가정은 자녀를 바르게 키우는 것을 하나님의 뜻으로 생각한다. 그래서 가정 안에서 자녀의 교육도 인본주의자들과 완전히 다른 자세를 취한다. 오늘날 당연하게 여기는 위탁교육은 성경의 관점에서 볼 때 적절하게 보기 어렵다. 본래 성경적으로 볼 때 자녀 교육은 철저히 부모 몫으로 여겨지기 때문이다.

반면 인본주의자들은 자녀 교육에 대한 부모의 책임을 회피한다. 그래서 자녀 교육을 국가나 공공기관에 쉽게 위탁하고 자신은 편리와 문화적 즐거움과 사회적 자아 성취에 집중한다. 아이들이 학교와 친구들 사이에서 무엇을 배우든지 크게 관심 갖지 않는다. 이러한 위탁교육을 통해서 아이들은 경건보다는 세상의 악한 것들을 학교와 친구들에게 배운다. 기독교적 관점에서 자녀들의 위탁교육은 진화론이나 무신론적 사고방식 같은 영적인 독소에 어린 자녀들을 아무 보호 없이 노출시키는 것이다. 그런데도 오늘날 무책임한 기독교 부모들은 자녀들의 영혼을 공공기관에 쉽게 위탁한다. 이런 현상은 우리도 의식하지 못하는 가운데 인본주의가 교회 안에 침투한 결과다.

위탁교육은 국가가 원하는 사람을 찍어내는 공장과 같다. 국가에서 원하는 사람을 유치원 때서부터 개조해 가는 것이다. (전체주의 개조 교육을 떠올리게 되지 않는가?) 그러나 교회는 이러한 이 세대의 흐름을 거스르면서 하나님을 경외하는 경건한 세대를 만들어 가야 한다. 가정도 이를 위해 존재한다. 따라서 경건한 세대를 만들기 위해서 신자는 국가 기관에 무조건적으로 위탁하는 교육방식에 대해 신중히 고민해 보아야 한다. 왜냐하면 성경이 가르치는 교육의 핵심은 부모를 통한 전수 교육이기 때문이다. 유대인들이 흔히 쉐마shema라 부르는 신명기 말씀은 자녀 양육의 책임이 부모에게 있음을 아주 명확하게 가르친다.

"이스라엘아 들으라 우리 하나님 여호와는 오직 유일한 여호와이시니 너는 마음을 다하고 뜻을 다하고 힘을 다하여 네 하나님 여호와를 사랑하라 오늘 내가 네게 명하는 이 말씀을 너는 마음에 새기고 네 자녀에게 부지런히 가르치며 집에 앉았을 때에든지 길을 갈 때에든지 누워 있을 때에든지 일어날 때에든지 이 말씀을 강론할 것이며 너는 또 그것을 네 손목에 매어 기호를 삼으며 네 미간에 붙여 표로 삼고 또 네 집 문설주와 바깥 문에 기록할지니라"(신 6:4-9)

본문을 보면 하나님은 누구보다 먼저 '부모의 손목에 매어 기호를 삼고, 부모의 미간에 붙여 표로 삼고'라고 가르친다. 자녀의 경건을 강요할 것이 아니라 부모의 경건이 먼저 앞서야 한다는 것이다.

오늘날 한국교회의 상당수 신자들이 자녀 신앙을 위탁하여 교육하는 데는 주로 부모 신앙의 경건에 문제가 있기 때문이다. 부모부터 하나님의 말씀을 자기 마음에 새기지 않기 때문에 신앙 교육에 자신이 없는 것이다. 그러면서도 자녀의 신앙을 걱정한다.

그러나 하나님께서는 자녀 교육을 위해 부모부터 말씀으로 무장하라 명령하신다. 신앙은 지식으로 전수되는 것이 아니라 삶을 통해서 전수된다. 따라서 하나님은 이렇게 부모의 경건을 통해서 경건한 세대를 양육하도록 가정을 주신 것이다. 가정의 확장판인 교회를 생각해보라. 교회도 목회자부터 하나님의 말씀을 마음에 먼저 새겨야 한다. 삶의 모든 영역에서 손목과 미간에 항상 하나님의 마음을 새길 때 성도들의 신앙도 자란다. 이것은 너무도 자명한 사실이다. 부모들도 이와 동일한 원리와 자세로 자녀들에게 신앙을 전수해야 한다.

부부간의 관계는 계급적 우월이 아니라 질서다

종종 성경적 가정을 말하면 가정에서 남편과 아내의 관계를 지배와 피지배의 관계, 곧 계급투쟁적 관점으로 이해하려는 사람들이 종종 있다. 그러나 성경이 가르치는 가정에서의 부부 관계는 오히려 인격적으로 동등하며 한 몸의 관계로 가르친다. 물론 성경은 남편이 아내의 머리라고 가르친다. 그러나 이는 남편과 아내의 관계를 우열의 관계로 가르치는 것이 아니라 기능과 질서의 관계를 가르치는 것이다. 그래서 바울이 고린도 교회 내부에 발생한 은사의 다름이 우열의 문제가 아님을 지적하는 것이다(고전 12:13-25).

몸에서 입이 더 우월한가? 눈이 더 우월한가? 아니면 귀가 우월한가? 이건 우월의 문제나 계급의 문제가 아니다. 이것은 질서의 문제이다. 질서는 하나님께서 정하신 원리이며 순리이다.

인본주의 사고에서 비롯된 자녀의 위탁교육

성경이 말하는 남녀의 관계는 궁극적으로 남자가 아닌 하나님의 영광을 말한다. 그래서 성경은 남편이 아내의 머리라고 얘기하면서도 남편이 아내의 머리 됨이 그리스도께서 교회의 머리됨과 같다(엡 5:23)고 한다. 우열의 관계가 아니라 질서의 관계라는 뜻이다. 이는 하나님의 영광을 나타내기 위한 관계다.

반면 인본주의자들에게 가정은 철저히 자기중심적이다. 앞에서도 언급했던 것처럼 자기 행복을 위해서 가정이 있다고 생각하기 때문에, 자녀들에 의해 자신이 희생하고 스트레스를 받는 것은 최소화해야 한다고 생각한다(물론 다 그런 것은 아니지만). 그래서 아이들을 자꾸 다른 기관에 위탁시킨다. 학교에 맡기거나 사교육에 맡겨버린다.

한 사례로, 어떤 초등학교 5학년 여자아이가 있다. 그 아이는 아침부터 저녁까지 학원을 13개 다니고 집에 들어온다. 아이가 집에 돌아오면 밤 11시가 넘었다. 그 아이의 스트레스가 얼마나 심했는지 원형 탈모증까지 생길 정도였다. 그래도 이 아이는 시험을 보면 거의 매번 100점을 맞았다. 하루는 100점 맞은 성적표를 부모에게 들고 온 아이를 보면서 엄마가 흐뭇한 표정으로 "힘들어도 백점 맞으니까 좋지?"라고 말했다고 한다. 그 말을 들은 아이는 마치 기다렸다는 듯이 대답했다. "내가 좋은 게 아니라 엄마가 좋은 거 아닌가요? 나는 하나도 좋지 않아요!"

이 사례는 중요한 사실을 시사한다. 인본주의자들의 가정은 자녀들을 희생시키면서까지 행복을 추구할 정도로 잔인하다는 것이다. 물론 그들은 자녀를 위해서라고 말한다. 하지만 실상은 자신의 행복을 위해 자녀들과 배우자를 희생시키는 것이다.

가정이 존재하는 이유: 하나님의 영광과 경건한 세대를 양육하기 위해

결론적으로 가정은 자기 행복을 위함이 아니다. 하나님의 영광과 이웃 사랑을 위해 존재한다. 그러나 인본주의자들은 가정을 철저히 나의 행복이라는 사고로만 접근한다. 심지어 오늘날에는 아예 하나님께서 창조하신 이 존귀한 가정을 해체하려는 사람들까지 나오고 있는 실정이다.[60] 이들의 공통점은 개인의 행복과 성적 욕망 혹은 자기 필요를 채우기 위한 수단으로 가정을 이해하고 있다는 점이다. 그러나 그리스도인들은 이런 인본주의적 사고를 거부해야 한다. 우리는 성경이 가르치는 것처럼 어떻게 하면 가정을 통해 하나님의 영광을 나타낼지, 또 어떻게 우리 자녀들을 경건한 세대로 양육할 것인지, 더 나아가 이웃 사랑의 실천을 위해 가정을 어떻게 세워야 할 것인지 고민해야 한다. 이것이 성경적이며 기독교적인 가정의 이해이다.

---

[60] 오늘날 교회 안에 자라나는 아이들조차도 혼인에 대해 부정적인 생각을 품는 경우가 허다하다. 물론, 여기에는 여러 가지 이유가 있다. 그럼에도 불구하고 그리스도인들은 가정이 하나님의 위대한 창조물임을 기억하며 가정의 본래 기능 회복을 위해 기도하며 헌신해야 한다.

기독교와 사회(2)

15
기독교와 사회(2)

"개인"이 "사회"를 변혁하는 주체다

그리스도인들은 사회를 어떻게 바라보아야 할까? 앞서 말했듯이, 먼저는 개인에서 출발해야 한다. 구원받은 개인이 소명을 감당하는 영역으로 사회를 바라보아야 한다. 그리스도인들은 사회 속에서 개인을 보는 것이 아니다. 개인으로서 사회를 바라보아야 한다.

사회라는 전체에서 개인을 보면 부품에 지나지 않는다. 그러나 개인의 존귀성과 탁월성 안에서 사회를 바라보면 개인은 사회를 소명의 장소로 보게 된다. 이런 시각은 구원받은 한 개인이 사회를 변혁하는 주체가 될 가능성을 연다. '너희는 세상의 소금, 세상의 빛'(마 5:13-14)이라는 말씀처럼 각 개인의 회복이 확장돼서 사회를 회복한다. 개인에게 주어진 각 삶의 현장들에서 주의 부르심에 합당한 변화된 삶을 통해서 말이다.

세상은 소명지召命地이다

그리스도인은 세상의 직업을 완전히 포기한 삶을 살지 않는다. 오히려 세속 직업에 대한 관점이 달라질 뿐이다. 예전에는 직업을 자연인들(거듭나지 못한 사람들)처럼 생존과 부富의 축적을 위한 도구로 여겼다만, 구원받은 후에는 '어떻게 소금과 빛의 역할을 감당할 것인가?'를 고민하는 소명지召命地의 관점으로 바라본다.

그리스도인은 종교적 영역만이 아니라 사회 모든 영역이 하나님의 통치 영역이라는 관점을 가지고 개인들이 사회의 곳곳을 파고들어 그곳에 하나님의 통치를 구현하기 위해 헌신한다. 이렇게 사회 곳곳에 파고들어 개혁을 하려면 시스템으로 되지 않는다.

개인이 변화되어야
사회 모든 영역 구석구석이 개혁된다.

여기서 헌신의 핵심은 하나님의 말씀대로 실천하는 것, 곧 정직과 성실을 갖추고 거룩한 세상을 만들겠다는 분명한 목적을 갖는 것이다. 그리고 이런 개인의 헌신들이 모여서 기독교적 사회변혁을 일으킨다.

여기서 인본주의 사회변혁 방식과 근본적인 차이를 보인다. 인본주의자들은 사회구조를 뜯어고치면 사회가 변혁될 것이라는 혁명적 사고방식을 취한다. 그러나 기독교는 그렇지 않다. 오히려 기독교는 더디게 보이지만 각 개인을 전도하여 남편은 남편의 역할을, 아내는 아내의 역할을, 또 직장에서는 직장인의 역할을 충실하고 성실하게 감당하는 자가 되도록 변화시키면 세상이 변혁된다고 믿는다. 왜냐하면 개인과 가정은 사회와 국가의 연장선에 있기 때문이다.

사회는 교회의 연장선이며 확대판이다

그리스도인은 사회를 종교적인 영역과 분리하기보다 연장선으로 이해한다. 앞서 언급했듯이 가정이 교회의 축소판이라면 사회는 교회의 확대판이다. 이를테면, 교회가 교회 되기 위해 기본적으로 하나님의 말씀이 선포돼야 한다. 말씀이 선포될 때 그 말씀으로 질서가 형성된다. 그리고 말씀에 따른 질서를 어기면 권징이 시행된다. 그런데 이런 개념이 직장, 사회, 심지어 국가에서도 그대로 통용된다. 즉, 하나님의 말씀인 성경을 기준으로 교회의 질서가 형성되듯 법을 기준으로 사회의 질서도 형성된다. 이 법을 어기면 그에 상응하는 법적인 치리를 받게 된다.

이런 기본적인 골격은 가정 안에서도 그대로 이루어지며 이것이 확대되어 사회와 국가에서도 똑같이 적용된다. 그래서 교회의 질서가 가정과 사회를 성화시킨다. 그러기에 기독교적 관점에서 가정의 변혁이나 사회변혁의 중심에는 항상 교회의 거룩과 개혁이 전제된다. 그러므로 교회가 참되지 못하면 가정이 참되지 못하고 사회도 참될 수 없다. 이것은 칼빈이 이해했던 국가와 사회의 개념

이기도 하다.[61]

기독교와 인본주의의 사회: 개인이 우선인가? 전체가 우선인가?

오늘날 인본주의가 교회 안에 침투하면서 개인은 점점 소외되고 전체에만 관심이 쏠리는 경향이 있다. 개인의 신앙생활은 엉망인데도 전체적으로 괜찮으면 개인은 덤으로 신앙 좋은 사람으로 여겨진다. 그러나 사실 좋은 교회를 다닌다고 해서 그가 좋은 그리스도인임을 의미하지 않는다. 이런 그릇된 사고방식이 바로 가톨릭의 사고방식이었다.

기독교적 관점에서 볼 때 사회에서 개인은 자유의 주체이다. 개인의 자유 보장이 우선시된다. 다수가 "틀렸다!"라고 외칠지라도 소수의 "옳다!"라는 외침도 인정받을 수 있는 사회를 추구한다. 원래 기독교에서 자유는 하나님의 법에 근거한 자유다. 법에 의해 개인이 보호를 받을 수 있다.

단편적인 예를 들어보자.

열 명의 사람이 다 틀린 얘기를 하는 가운데 한 명만 맞는 주장을 했다고 하자. 그런데 10명의 다수가 한 명에게 다수의 생각을 강요하면서 억압하고 옳지 못한 것을 강요했다. 이때 한 사람이 자유를 누리는 방법은 법에 호소하는 것이다. 그러면 법은 다수와 소수에 관계없이 법에 근거하여 판결을 한다. 이때 한 사람의 주장이 옳다면 그는 다수의 억압과 강압으로부터 자유를 보장받을 수 있게 된다. 다수보다 법이 최우선이라는 사고가 개인의 자유를 보장한다는 것이다.

---

61) 기독교강요 IV. 20은 국가론을 언급하면서 이런 사상을 명확하게 가르치고 있다.

반면 인본주의 사회에서는 전체의 안전과 행복을 위해 개인의 자유와 인권은 철저히 외면한다. 다수의 행복과 안전을 위해 개인의 삶을 전체에 예속시키려 한다. 다수의 행복이 가장 중요한 가치이기에 옳고 그름은 다수의 행복과 안전이 규정한다. 그래서 전체주의에서는 언제나 "법"이 아닌 "다수"의 목소리가 법의 위에 있다. 이것을 요즘 우리나라는 떼법중우정치[62] 이라고도 한다.

"요람에서 무덤까지"의 사회 복지의 문제

오늘날 국가적으로 다수의 행복을 추구하려는 시도는 사회 복지 제도를 통해 드러나고 있다. 물론, 복지가 잘 돼서 다수의 사람이 행복하게 사는 것이 나쁘다는 것은 아니다. 문제는 "요람에서 무덤까지", 지나친 국가 의존적 복지가 이루어질 때이다. 이것은 토마스 제퍼슨Thomas Jefferson이 지적한 "정부가 우리에게 행복을 부여할 권한을 갖고 있지 않다."[63]라는 공리를 크게 위배한 위험한 흐름이다.

예를 들어, 자녀를 출산하는 데 국가에서 모든 비용을 다 준다고 가정하자.

그러면 자녀 출산에 부담이 없으므로 언뜻 자녀를 많이 낳을 듯하다. 그러나 이렇게 국가가 국민의 행복을 책임진다는 말은 국민이 국가에 예속(노예)되는 결과를 초래한다. 그러면 어떻게 국민이 국가에 예속(노예)된다는 것인가? 그것은

---

62) 중우정치(衆愚政治, 현대 그리스어: ὀχλοκρατία, okhlokratía, 영어: ochlocracy), 또는 떼법(mob rule, mob justice)이란 다수의 어리석은 민중이 이끄는 정치를 이르는 말로, 민주주의의 단점을 부각시킨 것이다. 플라톤은 다수의 난폭한 폭민들이 이끄는 정치라는 뜻의 '폭민정치'라고 하였고, 그의 제자 아리스토텔레스는 다수의 빈민들이 이끄는 '빈민정치'라고도 하였다. 이런 중우정치는 올바른 민주제가 시행되지 못하고, 하나 또는 몇몇 집단이 수를 앞세워 정치를 이끌어 가는 형태로, 민주주의의 단점이 심해지면 만들어지는 정치이다. (위키백과 참조).

63) 벤 샤피로, op. cit., 45.

간단하다. 국가가 어떤 식으로든 복지를 끊어버리면 국가의 복지에 무방비로 예속된 사람은 심각한 어려움에 빠지게 될 것이 자명하다. 국가가 주는 혜택을 누리려면 국민은 국가에 비위를 맞춰야 하고 국가가 어떤 식으로든 자신의 행복과 복지혜택을 줄이지 않거나 더 나아가 끊지 않도록 국가의 명령에 복종하게 된다.

이처럼 인본주의 사회가 추구하는 전체의 행복은 결과적으로 개인의 자유를 억압하며 정부의 일방적인 주장만 난무하는 독재사회가 되도록 만든다. 이렇게 정부에 의식주가 예속된 상황에서 국민은 저항할 수 없다. 북한처럼 노예로 살 수밖에 없다. 저항은 곧 의식주 전체의 공급 단절을 의미하기 때문입니다.

현대인들이 사회 복지를 달콤하게 생각하는 이유는 장애인, 노인, 고아 등 누군가에게 의존하지 않으면 살 수 없는 사람들을 국가가 책임져준다는 측면으로만 바라보기 때문이다. 그러나 영국의 실정에서 그대로 나타난 것처럼 복지 사회는 점차 일하지 않아도 공부하지 않아도 정부에 예속된 사람들을 생산함으로 점차 학생들에겐 더 공부하며 실력을 쌓아야 할 의욕을 상실시키고 사회인들에겐 근로의 의욕을 저하시키고 있다.

무엇보다 더 심각한 것은 국가가 개인의 자유를 박탈할 힘을 얻게 된다는 점이다. 여기서 우리는 개나 돼지처럼 노예로 살 것인지 아니면 위험과 어려움이 있더라도 자유를 지키며 살 것인지 심각하게 생각해 보아야 한다. "자유는 공짜가 아니다"(Freedom is not Free)는 명제는 전쟁 때만 아니라, 복지라는 명목으로 사람들을 노예로 예속하려는 시대에 더 많이 고려되어야 할 부분이다.

기독교와 인본주의의 교육: 다양한 생각과 획일화된 생각

인본주의 국가, 곧 전체주의 국가가 시행하는 교육의 통합도 굉장히 심각한 문제이다. 인본주의 사회는 다수의 행복을 위한 유토피아 건설을 위해 일률적인 교육을 시도한다.

전체주의 관점에서 볼 때 유토피아 건설을 위해서는 생각이 다른 사람들이 존재해선 안 된다. 모두가 화목하게 살 수 있도록 같은 생각들만 존재해야 한다. 그러나 기독교는 모두의 일률적인 생각을 추구하지 않는다. 기독교는 다양성을 존중한다. 물론 다양성을 존중한다고 해서 잘못된 생각까지 무조건 다 수용한다는 것은 아니다. 다양성은 타당성의 기반 위에 있을 때만 존중된다. 이렇게 다양성을 존중한다는 정신이 바로 종교개혁의 핵심 정신이기도 하다.

역사적으로 루터가 종교개혁을 하기 이전, 중세 가톨릭은 오직 교황에게만 성경을 해석할 권한이 있다고 주장했다. 그들은 교황의 해석만이 옳다고 여기는 교황 무오설Papal infallibility을 주장했다. 이런 이유 때문에 당시에는 성경을 개인이 읽거나 성경을 자국어로 번역하는 것조차 금지됐다. 성경의 내용과 해석들은 오직 교황이 가르치는 대로만 배워야 했다. 그래서 루터는 이런 가톨릭의 획일적인 성경 해석에 반박하고 교황도 오류를 범할 수 있음을 지적하며 다양한 성경 해석의 시도를 주장했다.

그는 "독일 크리스천 귀족에게 고함"(To the Christian Nobility of the German Nation, 1520)에서 다음과 같이 말했다.

성경 해석이나 그 해석의 확인이 홀로 교황에게만 속한다고 하는 것은 전혀 조작적인 이야기이며 그들은 여기에 대하여 한 글자도 증언하지 못한다... 우리는 (성경의) 모든 본문과 다른 많은 본문의 권위에 대해 자유롭고 담대하게 되어야 한다. 우리는 "자유의 영"(고후 3:17)이 교황의 속임수에 의해 두려워하도록 내버려서는 안 되고, 성경의 이해에 관한 우리의 믿음에 의해 담대하게 전진하며, 그들이 하거나 하지 않은 모든 것을 시험해야 한다. 그리고 교황으로 그 자신의 해석이 아니라 더 좋은 해석에 따르도록 억지로라도 만들지 않으면 안 된다. 만일 하나님께서 하나의 나귀를 통하여 예언자(발람)에게 반대하는 말씀을 하셨다면, 왜 오늘날이라고 한 의인을 통하여 교황에게 반대하는 말씀을 하실 수 없겠는가?[64]

결국 루터의 종교개혁 이후로 개인이 성경을 읽고 해석할 자유가 주어졌고, 성경을 잘못 해석한 한 사람(교황)의 독단적 해석을 견제할 근거가 주어졌다.

해석의 다양성이라는 이 개념은 후에 자유민주주의에도 그대로 스며들었다. 그래서 지도자의 잘못을 국민이 판단하고 해석할 수 있는 자유를 얻게 된 것이다. 물론 해석의 다양성이 기독교 안에서는 성경이라는 절대성에 의해 제한되며 사회에서는 법이라는 절대성에 의해 제한된다. 이런 차원에서 "유치원부터 대학교육까지 모두 국가가 책임지겠다!"라는 오늘날 정부의 정책이 과연 적절한 것인지 깊이 생각해보아야 한다. 물론 의무교육 제도는 문맹률을 떨어뜨리고 국민의 지적 수준을 높이는 데 일정 부분 중요한 역할을 한 건 사실이다. 그러나 만일 의무교육을 통해 정부가 원하는 사고로 국민 의식을 통합시킨다면 결국 개인은 없어지고 국가는 전체주의로 가게 될 확률이 높아지게 된다.[65]

---

64) Luther: *Selected Political Writings*, ed. J. M. Porter. (Eugene, OR: Wipf and Stock Publishers, 1974). 45-46.

65) 역사적으로 과거 히틀러의 나치 독일이 대표적인 예이다. 당시 나치당에 대한 지지율이 90%를 넘었으며, 독일 교회의 대다수도 마찬가지였다. 더욱이 작금의 북한이나 중국에서 이루어지는 교육도 아주 적나라한 실례에 해당한다.

획일화된 교육의 목적과 허상

인본주의자들은 유토피아, 곧 완전한 낙원을 이 땅에서 실현할 수 있다고 호언장담한다. 그래서 유토피아 건설에 장애가 되는 사람들을 교육의 대상으로 여긴다. 교육으로 모든 사람의 사고를 획일화시키면 유토피아를 건설할 수 있다는 사고는 창세기 11장 바벨Babel 공동체의 정신을 그대로 반영하고 있다. 역사적으로 그들의 이런 사고는 유토피아 시민 양성을 위한 교육 기관으로서 수용소를 설립하겠다는 발상에 이르렀다.

실제적인 예로, 아돌프 히틀러Adolf Hitler의 나치 독일이 운용했던 강제수용소Konzentrationslager, 소련의 정치범 수용소였던 굴라크gulag, 심지어 중국과 북한에는 지금까지도 이런 수용소가 여전히 존재한다. 그들은 수용소의 존재 의의를 그럴듯하게 제시하지만 궁극적으로는 하나같이 독재자(혹은 공산당)가 원하는 시민(노예)으로 개조하기 위한 교육 기관에 불과하다.[66] 짧게는 6개월, 심지어 몇 년 동안 각종 고문과 굶주림을 당하며 사람을 개조하는 것이다. 그런데 과연 이런 교육이 정말 유토피아를 실현해줄까? 독재자만 행복할 뿐 개인의 자유는 사라지고 유토피아보다 오히려 지옥으로 변모하지는 않았는가? 그러므로 하나님 없는 안전과 행복, 그리고 이상적인 사회, 이것은 결과적으로 심각한 부작용을 낳고, 이 사회를 지옥으로 만들 뿐이다.

---

66) 수년간에 걸쳐 중국의 신장 위구르족 수용소는 인권 탄압으로 전 세계로부터 지탄받는 중이다. 최근 이 수용소에 대하여 공개된 공산당의 운영 지침에는 철저한 교화를 목적으로 한 기상부터 취침까지의 치밀한 규정들이 기록되어 있다. 또한 북한의 정치범 수용소의 경우는 이미 통일부에서 발표한 바와 같이 비인도적인 강제 노동, 규율 위반과 명령 불복종에 의한 처형 등 심각한 인권 탄압을 지금까지도 자행하고 있다.

16

기독교와 문화(1)

16
기독교와 문화(1)

교회의 문화에 대한 현대인의 이해

오늘날 예배당에 화려한 분위기를 연출하는 조명들이 갖춰졌을 때, 또 대중적인 악기와 곡조들로 찬양할 때, 또 미술 전시회나 미디어 콘텐츠Contents를 다양하게 생산할 때 사람들은 이런 교회를 문화 사역에 특화됐다고 생각한다. 대개 현대인들은 단순히 음악이나 미술적 요소들이 어떤 형태로든 가미될 때 그것을 문화로 이해한다.

그러나 우리는 현대인들이 감각적으로 인식하는 문화가 아니라, 성경적 정의에 관심을 가져야 한다. 성경은 과연 문화를 무엇이라고 가르치고 있는가 하는 것이다. 우리는 문화를 성경적으로 정의하여 오늘날 문화를 바라보는 우리의 시각도 성경적으로 교정할 필요가 있다.

문화는 종교를 내포한다

문화는 그 안에 종교를 내포한다. 어떤 사람이 특정 문화를 즐길 때 그는 그 문화가 내포한 종교적 정신도 함께 즐기게 된다. 그래서 종교개혁가 칼빈은 "종교와 문화는 분리될 수 없다."라고 했으며[67] 저명한 개혁신학자 헤르만 바빙크 Herman Bavink 는 "문화의 모든 국면이 종교적 근원에서 시작된다"라고 말했다.[68] 이처럼 문화는 근본적으로 종교와 어떤 식으로든 긴밀하게 연결된다. 모든 문화는 가치중립적이지 않으며 기독교적이든지 비기독교적이든지 어떤 성향을 띤다. 따라서 그리스도인은 자신이 추구하는 문화가 기독교적인지 비기독교적인지에 관한 분별이 필요하다.

문화를 분별하기 위한 접근 방식: 가치론적 이해

문화를 분별하기 위해서는 존재론, 인식론, 가치론적으로 각기 접근할 필요가 있다.

존재론: "참된 존재란 무엇인가?"

인식론: "참된 존재를 어떻게 인식하는가?"

가치론: "참된 존재를 인식할 때, 어떤 반응이 나타나는가?"

---

67) 정성구, op. cit., 302.

68) Ibid., 304.

가치론은 내용상 윤리학과 미학으로 나누어지는데 여기서 후자가 문화와 직결된다. 가치론에서 미학은 참된 존재를 인식했을 때 그 인식을 표현하는 예술을 다룬다. 인식에 대한 반응으로서의 미적 이해가 여기에 포함된다. 예를 들어, 어떤 사람이 예수님을 믿고 참된 존재를 하나님으로 인식하게 되었을 때 과거에는 세속적인 것들을 아름답게 여겼으나, 이제는 성경적인 것을 아름답게 여기게 된다.

반면 하나님을 참된 존재로 인식하지 않는 인본주의자들은 아름다움의 기준이 계속 바뀐다. 세간의 유행에 따라 미적 기준이 계속 달라진다. 옷이나 머리 스타일, 음악적 취향 등의 변화는 이를 잘 보여준다. 그래서 성경은 "너희는 이 세대(이 시대의 풍속)를 본받지 말고 오직 마음을 새롭게 함으로 변화를 받아 하나님의 선하시고 기뻐하시고 온전하신 뜻이 무엇인지 분별하도록 하라"(롬 12:2)고 엄중하게 경고하는 것이다. 그러나 대부분의 사람들은 '그냥 트렌드이니까, 잠시 지나가는 유행이니까...'라고 가볍게 생각한다.

미적 기준, 곧 아름다움의 기준(미학)이 달라졌다는 건, 그가 인식하는 참된 존재(인식론과 존재론)까지 바뀌었음을 의미한다는 점에서 매우 심각한 타락을 야기한다. 인본주의자들의 미적 기준이 수시로 변하는 이유는 참된 존재에 대한 분명한 인식이 없기 때문이다. 이것은 우상숭배이며 숭배하는 대상이 계속 바뀌고 있음을 보여준다.

미적 기준이 곧 삶에서 문화로 나타나고
더 나아가 윤리와 도덕으로 나타난다.

문화는 하나the one에 대한 전체many의 결과다

실존주의자들은 교회의 문화도 세상 문화의 흐름에 맞춰서 변해야 한다고 주장한다. 그러나 기독교가 추구하는 문화는 상대적이 아니라 절대적이다. 참된 존재를 하나님으로만 인식하기 때문에 미학적 기준에 변화가 없다. 그래서 기독교는 문화의 절대적인 기준(형식적 기준이 아니라, 원리적 기준)을 지키고 세속 문화까지도 성경의 원리로부터 멀어지지 않도록 방부제의 역할을 해야만 한다. 교회적으로는 성경적인 문화들을 잘 세워가고 보존하며 외적으로는 세상에 영향을 미쳐 세속 문화를 성화시켜야 한다.

그러면 여기서 '전체를 주관하는 하나(The One)'가 무엇인지 생각해보자. 이것을 철학에서는 "일과 다의 문제"(the one-many problem)라고 하며 이 문제는 문화에서도 중요하게 작용한다.

예를 들어, 어떤 사람이 세상을 주관하는 하나를 돈이라고 생각한다면 그는 돈이 전체를 움직인다는 생각으로 물질만능주의의 문화를 형성한다. 또 세상을 주관하는 하나를 쾌락이라고 생각하면 그는 쾌락적 문화를 형성한다. 그 외에도 성공, 명예 등 모두 마찬가지이다. 그러니까 여기서의 하나는 참된 존재의 문제이고 이에 대한 인식이 문화로 나타난다.

성경에서 문화는 순종과 예배로부터 출발한다

문화에 관한 성경의 용례를 찾아봐도 흥미로운 사실이 발견된다. 성경의 라틴어 역본 벌게이트Vulgate는 문화Cultura라는 단어를 예배Worship의 의미로 사용한다(cf. 호 10:2, 고전 10:14)[69]. 프란시스 니젤 리[Francis Nigel Lee]는 "Cultura"가 "Colere"에 어원을 두고, 뜻은 "경작하다, 가꾸다"이므로 문화의 뜻은 "생육하고 번성하여 땅에 충만하라, 땅을 정복하라... 모든 생물을 다스리라"(창 1:28)라는 명령에 뿌리를 둔다고 주장한다.[70] 따라서 벌게이트의 문화[Cultura]는 결국 만물을 다스리는 사람의 왕적인 사명과 하나님을 예배하는 제사장적 사명 모두를 포괄한다. 그래서 성경적으로 문화는 신앙과 분리된 개념이 아니다. 도리어 세상 창조 때에 인간을 향한 하나님의 문화 명령[71]과 직결된 종교 문제이다. 결국 어떤 존재를 예배하고 또 어떤 존재의 명령에 순종하는가는 문화와 직결된다.

오늘날 현대교회가 "우리는 문화를 회복해야 합니다! 문화 사업을 더 활성화해야 합니다!"라고 외치면서 새로운 CCM을 만들고 화려한 문화 콘텐츠와 사업들을 다양하게 시도한다. 그러나 이런 다양한 시도를 하기 전에 성경이 가르치는 문화의 개념이 무엇인지 명확하게 이해해야 한다.

성경이 가르치는 문화는 하나님의 말씀대로 만물을 다스리고 그분을 참되게 예배하는 일에 기초한다. 그래서 문화 사역이 목표하는 것은 하나님 말씀에 순종하고 온전히 하나님을 예배하는 예배자로 세우는 데 있다. 이렇게 말하면 불신자들이 어떻게 하나님의 말씀에 순종하고 하나님을 예배할 수 있느냐는 질문이 나온다. 그러나 이 질문에 대한 대답은 불신자들이 하나님의 일반 은총(윤리와 도덕)을 즐거워하도록 하는 것으로 나타난다고 대답할 수 있다. 마치 미국이나 유럽의 이전 사회가 불신자들도 기독교적 문화와 윤리에 대해 거부감이 없었던

---

69) J. M. Harden, *Dictionary of the Vulgate New Testament* (1921), 30.

70) 정성구, op. cit., 305.

71) 창세기 1:28 "하나님이 그들에게 복을 주시며 하나님이 그들에게 이르시되 생육하고 번성하여 땅에 충만하라, 땅을 정복하라, 바다의 물고기와 하늘의 새와 땅에 움직이는 모든 생물을 다스리라 하시니라".

것처럼 말이다. 그러나 작금의 교회는 성경적인 문화에 거부감을 느끼고 세속적인 문화에 역으로 점령을 당하고 있다는 점에서 심각하게 고민해 보아야 한다.

오늘날 교회에서 기독교적 문화가 나오지 않는 이유가 어디에 있는지 생각해 보아야 한다. 그것은 문화 콘텐츠의 부족이 아니다. 하나님의 말씀에 대한 순종, 즉 예배의 타락 때문이다. 왜냐하면 신자가 하나님을 참되게 예배하면 자동적으로 말씀을 진실하게 순종하게 되고 신실한 순종은 자연스럽게 성경적 문화를 만들기 때문이다. 이렇게 볼 때 문화란 하나님을 믿는 신자들의 삶의 행동이 자연스럽게 형성하는 것이라는 사실을 알 수 있다.

꼭 어떤 악기를 사용해야 문화가 아니다. 세상이 하는 대중적인 음악 콘서트와 행사를 진행해야만 문화가 아니다. 도리어 그런 프로그램은 이미 자신들이 예배하는 대상들이 일치하는 사람들의 모임이 만들어낸 결과일 뿐이다. 음악을 숭배하는 예배자들이 콘서트와 프로그램을 만든다. 쾌락을 숭배하는 사람들이 음란한 행사를 만드는 것이다. 그리고 그 단합된 숭배자들의 프로그램이 그 문화를 폭발적으로 확산시킨다. 그러므로 성경이 가르치는 문화의 개념은 그분의 말씀에 대한 순종과 예배로 출발한다는 점을 잊지 말아야 한다. 예배가 바로 서면 문화는 따라온다.

문화의 형성에는 자기희생이 동반된다

예배(문화)에는 십자가, 곧 자기희생이 있다. 바울은 영적 예배가 신자의 몸을 거룩한 산 제물로 드리는 것이라고 설명했다(롬 12:1). 여기서 산 제물로 드린다는 건 신자가 삶에서 하나님을 위한 희생을 감수한다는 얘기이다. 신자가 공예배 가운데 들은 말씀을 삶에 적용하면 행복하고 기쁘며 만사형통하는 결과를 얻는 것은 아니다. 때로는 삶의 많은 부분을 내려놓고 희생해야 하는 상황을 마주할 때도 있다. 그리고 이런 상황에서 말씀에 순종하는 예배의 삶을 위해 자신을 희생할 때 이런 신자들을 통해 성경적 문화가 점차 형성되는 것이다.

희생을 통한 문화의 형성은 기독교뿐 아니라 세상에서도 문화를 형성하는 동일한 원리로 작용한다. 인본주의 문화들도 문화를 형성하는 과정에서 상당한 희생을 치른다. 대표적인 예로, 오늘날 세상을 떠들썩하게 만드는 유명한 가수들의 노래나 춤을 자세히 보라. 그들의 그러한 유명세와 인기는 아무 희생 없이 쉽게 이루어진 게 아니다. 수많은 노래와 춤 연습, 또 한편의 곡을 써내기 위한 온갖 피땀을 흘린 노력으로 얻어낸 산물이다. 그들은 자신의 우상에게 이런 희생을 드렸고 그 희생의 결과로 문화를 형성한다.

이처럼 그리스도인도 말씀에 순종하는 거룩한 산 제사를 통해 문화를 형성하게 된다는 것을 결단코 잊어선 안 된다. 자기가 숭배하는 대상에 대한 희생의 여부와 열정이 문화 전쟁의 승패를 좌우한다. 작금의 기독교 문화 전쟁에서 우리가 점점 궁지에 몰리는 이유는 예배의 개혁이 이루어지지 않기 때문이다. 예배를 통해 하나님 앞에 자기 자신을 거룩한 산 제물로 희생하는 것이 제대로 이루어지지 않기 때문에 세상의 타락한 문화(예배) 앞에 속수무책으로 무너지는 것이다. 세상 사람들이 기독교 문화를 외면하는 것은 그만큼 세상 사람들이 보기에도 충분한 희생이 없음을 느낄 수 있기 때문이다. 충분한 희생이 없기 때문에 전문성이 떨어지고 감흥도 떨어질 수밖에 없다. 문화에는 분명 희생이 전제된다.

17

기독교와 문화(2)

17
기독교와 문화(2)

참 예배가 참 문화를 형성한다

문화가 종교를 만들 수 없다. 도리어 종교가 문화를 형성한다. 실제로 오늘날 문화를 즐기는 동아리는 종교적 현상을 띤다. 예를 들어, 어떤 스포츠 동아리가 굉장히 활성화되었다면 그들에게는 건강을 숭배하는 흐름이 이미 형성되어 있는 것이다. 음악, 미술, 인문학 동아리 등도 마찬가지이다. 그래서 오늘날 "왜 기독교적 문화가 형성되지 않는가?"에 대해 문화의 외적 현상(방법론)에서 답을 찾으려 하지만 실상 근본적인 원인은 종교, 곧 예배의 무너짐에 있다.

오늘날 현대교회들 가운데 성장했다는 교회들은 하나님을 신실하게 믿는 자들이 모여서 예배하는 공동체가 돼서 문화를 형성하는 것을 보기 어렵다. 도리어 문화를 수단으로 모이도록 해서 예배하려 한다. 믿음이 예배의 매개체로 삼는 것이 아니라 문화를 예배의 매개체로 삼고 있는 경우가 허다한 것이다. 그 결과 문화로 형성된 예배는 참 예배라기보다 육신적 유흥의 방편이 되고 말았다. 그래서 더 자극적인 유흥을 예배에서 요구하는 타락이 진행되고 말았다.

문화는 탁월함이나 아름다움을 모방하며 형성된다

문화는 탁월한 사람들을 기준으로 삼으면서 그들을 모방하고 발전하면서 형성된다. 예를 들어, 자기 분야에 아주 탁월한 군인이 있을 때 그 탁월한 군인을 보면서 아름답다고 생각하면 그 모습을 모방하려는 군인 문화가 형성된다. 이것이 문화의 형성이다.

또 다른 예로, 과거에 <프리스트>라는 동성애 영화가 있었다. 극 중 신부prist가 동성애자로 나왔는데 전반적으로 동성애가 추한 것이 아닌 아름답다는 인식을 주려는 미학적 처리가 상당히 많이 가미됐다. 그래서 영화에 대한 평가 중에는 "예술작품이다."라는 상당한 호평이 있기도 했다. 그 영화를 본 사람들은 동성애를 아름답다고 자연히 인식하게 되고 결과적으로는 동성애를 자기의 삶에도 투영시킬 가능성을 지니게 된다.

이처럼 문화가 형성될 때
그 이면에는 무언가에 대한 종교적 의식이 자리 잡게 된다.

어떤 대상이나 학문, 사상, 예술 등에 대한 아름다움을 인식하며 숭배하기 시작하고 그것을 모방하면서 문화가 형성된다. 직업도 문화와 큰 관련이 있다. 종교개혁 당시에 개신교 복음이 전파되면서 대중들은 직업에 대한 예배적 의식을 갖게 되었다. 앞서 말했지만, 루터나 칼빈은 둘 다 직업이 단순한 생존과 풍요를 위한 수단이 아니라 하나님 나라 확장과 세상에서의 소금과 빛의 역할을 위해 주신 도구로 이해했다. 그리고 여기서 하나님의 영광이 곧 미적 아름다움이다. 직업을 통해 하나님의 영광이라는 아름다움을 추구할 때 문화가 형성된다. 기독교는 이처럼 예배를 통해 문화를 형성한다.

문화는 종교적 정신을 내포한다

오늘날 교회에는 예배가 무너졌는데 세속의 문화를 끌어들여 전도에 이용하는 세속주의 선교 방식이 난입했다. 이 방식의 근본적인 문제는 문화와 예배의 상관관계를 무시한 채 무차별적으로 세속 문화를 도입한다는 점이다. 그들은 "우리는 세속의 문화만을 받아들이는 것이지 그 정신까지 받아들이는 건 아니다. 단지 그 문화적 틀을 수단으로 삼아 하나님을 예배하는 것"이라 한다.

> 문화는 결코 종교, 혹은 예배와 결코 분리할 수 없다.
> 문화는 트로이 목마와 같이 종교적 정신을 내포한다. [72]

예를 들어, 음악의 장르, 락Rock은 가사와 무관하게 사람들을 성적으로 흥분하게 하려는 의도로 만들어졌다. 뉴에이지New age는 이방 종교의 신에게 나아가는 체험을 위한 명상을 위해 만들어졌다. 또 애시드 음악ACID music[73]의 경우는 최면,

---

72) 그리스 로마 신화에 등장하는 목마로서. 그리스는 바퀴 달린 목마에 30여명의 군사를 트로이성 안으로 침투시켜 전쟁에서 승리할 수 있게 됐다.

73) 애시드 음악이란 환각제를 사용할 때, 환각증상을 더 강화시키기 위한 목적으로 만들어낸 음악을 지칭한다. 주로 테크

곧 대마초와 같은 마약을 복용할 때 더 큰 자극을 위해 만들어진 음악이다. 그런데 이런 음악의 장르조차도 문화 사역이라는 이름으로 교회 안에서 버젓이 사용된다.

문화는 복음의 수단이 아니라 결과다

문화 사역을 지지하는 이들은 불신자들이 교회 안에 들어오는 심리적인 문턱을 낮추고 교회에 대한 이질감을 낮춘다고 주장한다. 그러나 이는 일리가 있어 보이기는 하지만, 반대의 경우를 전혀 염두에 두지 않은 것이다. 교회 안에 있는 젊은 세대들이 오히려 이런 음악을 교회에서 접하고 세상으로 나아가는 데 거부감을 줄여버린 것이다.

성경의 '발람과 발락의 사건'(민24-25장)이 이와 유사한 예가 된다. 발람은 이스라엘 백성들을 무너뜨리기 위해 모압 여인들의 음란한 문화로 그들에게 접근했고, 결국 백성들은 모압의 신에게 제사하기에 이르렀다. 사실은 모압 여인들과의 음란한 문화 행위는 그 자체가 모압의 신을 향한 제사 행위였다. 여기서 우리는 세속 문화가 교회 안으로 쏟아져 들어올 때 점차 교회와 세상과의 경계는 모호해지고 결과적으로 교회는 세속화에 함락될 수 있다는 교훈을 얻어야 한다.

문화는 복음의 수단이 되어선 안 된다. 문화는 복음의 결과로 이해돼야 한다. 교회가 문화로 사람들을 복음화시킬 수 있다는 발상은 정말 순진한 것이다. 신앙의 선배들은 문화로 전도하지 않았다. 도리어 전도의 미련한 것으로 복음을 전했다(고전 1:21).[74] 그들은 복음으로 문화를 바꾸었다. 그들은 복음과 예배가 먼

노, 힙합, 랩 등이 여기에 해당한다.

74) "하나님의 지혜에 있어서는 이 세상이 자기 지혜로 하나님을 알지 못하므로 하나님께서 전도의 미련한 것으로 믿는 자

저 바로 서지 않으면 세속의 문화를 결단코 깨뜨릴 수 없다는 사실을 잘 알고 있었다.

문화는 종교를 강요하는 특징이 있다. 그래서 어떤 문화가 일단 형성되면 사람들이 그 종교에 물들지 않고 버티기가 상당히 어렵다. 마치 주변 사람들이 다 뇌물을 받는 문화 속에서 자신만 뇌물을 거부할 수 없고 주위 사람들이 다 느브갓네살의 신상 앞에 절하는 압도적인 분위기(문화)에서 혼자 거부하기는 어렵다. 이것이 문화에는 종교를 강요하는 힘이 있다는 뜻이다. 이것이 바로 세상이 우리에게 우상숭배를 강요하는 방식이다.

그러나 참된 기독교는 도리어 세상에 복음으로 접근하고 그다음 그들을 예배자로 만든 뒤에 그들에 의해 문화가 자연스럽게 형성되도록 한다. 굳이 말하자면 문화는 복음을 전하는 보조적 수단일 수 있으나 근본적 수단은 아니다. 복음은 오직 하나님의 말씀으로만 전해야 한다.

들을 구원하시기를 기뻐하셨도다".

18

기독교와 문화(3)

18
기독교와 문화(3)

문화 사역의 기초는 예배다

　문화 사역의 출발지는 신령과 진정으로 예배하는 것이다. 오늘날 많은 문화 사역자들이 문화 방면으로 탁월한 재능을 뽐내지만 정작 예배에 집중하지 못하는 경우가 너무 많다. 이런 식으로 문화사역을 한 사람들은 결국 그 사역이 실패하고 말았다. 이는 마치 목회자가 스스로 경건한 삶을 살지 못하면서 성도의 경건을 훈련하고 가르치려는 것이 실패할 수밖에 없는 것과 마찬가지다. 자신이 참된 예배자가 아닌데도 문화 사역을 통해 다른 이들로 하여금 예배하도록 섬긴다는 것은 그 자체로 모순이고 위선이다.

예배가 무너지면 모든 문화 사역은 무의미하다. 여기서 예배란 단순히 공적 예배만을 의미하지 않는다. 삶 속에서 말씀에 복종하며 하나님을 섬기는 모든 행위를 포괄한다. 문화는 이렇게 말씀 안에서 하나님과의 바른 관계(경건)가 선행할 때 비로소 형성되는 것이다. 그렇지 않을 경우 문화는 자칫 기독교라는 가면을 쓴 채 세상을 섬기는 트로이 목마가 될 수 있다.

문화는 교리를 통해서 점검해야 한다

문화 사역에서 교리적 측면을 절대 간과해선 안 된다. 문화는 얼마든지 철학이나 이방 종교의 색채를 지닐 수 있기 때문이다. 종종 신자들이 문화 사역이 교회 안에서 호응이 좋다는 이유만으로 성경적이고 기독교적이라고 착각한다. 그러나 호응 여부만으로는 문화 사역의 건전성을 진단할 수 없다. 문화는 반드시 교리를 통해 성경적인지 비성경적인지를 점검해야 한다. 작금의 문화 사역도 성경과 교리를 통해 지속적인 수정 보완을 한다면 얼마든지 좋은 열매를 기대해 볼 수 있다.

문화전쟁에 승리하는 법

(1) 참된 예배를 회복하라

만일 어떤 신자가 하나님을 참되게 예배한다면 그 삶의 최고의 가치는 하나님일 것이다. 그리고 이는 반드시 문화로 나타난다. 문화란 다른 말로는 생활양식Lifestyle이라고 할 수 있다. 이 생활양식의 변화를 통해 문화의 변화가 동반된다. 이 변화는 결국 하나님을 예배하는 자인지 혹은 세상을 예배하는 자인지를 입증한다. 따라서 신자는 공적 예배에서의 기도, 말씀, 찬양이 삶에서 생활양식으로 열매 맺는 문화를 나타내야 한다.

18세기 미국의 영적 대각성 운동이 일어났을 때 무엇보다 큰 변화는 지역 사회의 문화가 변화한 것이었다.[75] 문화가 교회를 바꾸지 않았다. 공적 예배가 신자를 변화시켰고 변화한 신자가 정치, 경제, 사회, 문화계, 교육계 등 모든 영역의 문화 흐름을 바꾸었다. 또 종교개혁자 칼빈이 사역했던 제네바의 문화 변혁도 그 뿌리는 공적 예배의 회복에 있었다. 이처럼 교회 역사의 수많은 예는 참된 예배가 문화의 변화를 가져온다는 사실을 분명히 가르친다.

문화전쟁에 승리하는 법

(2) 가정의 문화를 회복하라

문화전쟁의 승리를 위해서는 무엇보다 가정이 회복되어야 한다. 가정은 공적 예배의 은혜가 가장 먼저 나타나는 영역이다. 신자는 예배 후에 직장이 아니라 가정으로 돌아간다. 가정은 예배를 통해 받은 은혜의 말씀이 삶으로 나타나는 일차 영역이다. 신자의 가정은 불신자와 다른 가정의 문화가 형성되어야 한다.

오늘날 많은 기독 청소년이 세속 문화에 쉽게 물드는 이유는 가정의 문화가

---

75) 기독 교회에 관한 옥스퍼드 사전(The Oxford dictionary of the Christian Church)은 교회가 미국 문화에 끼친 영향을 다음과 같이 서술한다. "18세기 뉴잉글랜드의 청교도, 대각성 운동과 19세기 초 2차 대각성 운동에 영감을 준 부흥주의 (revivalism), 이런 요소들은 칼빈주의(Calvinism)와 아르미니안주의(Arminianism)의 독특한 혼합을 형성했다. 이런 형태의 개신교는 미국 문화에 상당한 영향을 끼쳤다. 개신교는 사회를 개혁하는데 강한 동기 부여를 받았다; 이 측면은 반-노예제도(anti-slavery), 금주(temperance), 사회적 복음(Social Gospel), 인권 운동(Civil Rights movements) 등이 보여준다." F. L. Cross and Elizabeth A. Livingstone, Eds., *The Oxford dictionary of the Christian Church* (Oxford University Press, 2005), 1349.

타락했기 때문이다. 가정에서 자녀들이 부모와 친밀한 관계로 기독교적 가치관을 확립하고 세상과 구별된 성경적 삶에 대한 방향성을 분명하게 갖지 못하면서 세속 문화에 대한 무차별적 수용이라는 결과를 낳는 것이다. 오늘날 쏟아져 나오는 미디어 콘텐츠는 가정에서의 대화를 더 단절시키고 세속의 문화에 더 많이 노출되도록 하는 결과를 초래하고 있다. 그러므로 우리는 (본래 교회가 전통적으로 고수했던) 가정예배를 다시 회복하고 신앙의 전수가 부모에 의해 이루어지게 해야 한다. 그렇게 할 때 부모와 자녀와의 관계가 회복되고 가정은 성경적인 문화를 회복하게 된다.

문화전쟁에 승리하는 법
(3) 일터의 문화를 회복하라

문화전쟁을 위한 영역은 가정에 이어 일터다. 전술한 것처럼 신자에게 일터는 생존과 성공과 풍요를 위한 수단이 아니다. 하나님께 부름을 받은 소명의 영역으로 여겨져야 한다. 그런데 오늘날에는 부모뿐 아니라 자녀에게조차도 일터가 돈벌이, 생존, 성공의 수단으로 인식된다. 불신자와 다를 바 없이 일터를 인식하기 때문에 세속 문화에 아무런 저항도 못할 뿐 아니라 쉽게 동화된다. 그래서 신자는 일터가 하나님의 영광을 나타내는 영역임을 인식하고 자녀에게도 이를 반복해서 가르쳐야 한다.

오늘날 그리스도인은 일터가 하나님 사랑과 이웃 사랑을 실천하는 영역이라는 인식이 매우 희박하다. 직업이 하나님에 대한 봉사라는 이해를 갖고 있는 사람들은 흔치 않다.

직업이 하나님께 대한 봉사라고 여겨질 때 그 영역의 탁월한 장인이 나타나게 된다. 이렇게 역사에 등장한 장인들은 사람들에게 직업의 아름다움(미학)을 느끼게 했다. 그리고 장인의 직업을 통해 나오는 탁월함에 매료된 사람들은 그것을 모방한다. 그러면서 이것이 점차 문화로 확산됐다. 그것도 아주 자연스럽게 말이다. 이런 문화는 인위적으로 형성한 것이 아니다. 신자가 하나님의 말씀에 순종하며 직업에서 예배자로 살아가면서 자연스럽게 형성된 것이었다.

성경적 가정도 마찬가지이다. 자녀들에게 "성경적 가정을 이루어야 한다."라고 가르치고 강요한다고 성경적 가정이 형성되는 것이 아니다. 먼저는 부모가 아름다운 가정문화를 자녀들에게 보여주어야 한다. 그러면 자녀들은 가정의 아름다움을 보고 느끼고 성인이 되면 자신이 보고 느낀 아름다운 가정을 소망하며 신앙을 전수할 것이다. 이런 영향력은 불신자들에게도 충분히 영향을 줄 수 있으며 이렇게 영향을 받은 불신자들은 그리스도인 가정의 아름다움을 자연스럽게 모방하며 문화적 흐름을 형성하게 된다.

성경적인 문화는
우리가 먼저 아름다운 성경적 가정과 일터를 세울 때 이루어진다.

문화의 전쟁은 곧 예배 전쟁이다. 신자가 일터에서 성경적 직업관으로 하나의 문화적 흐름을 형성하는 건 마치 이스라엘 백성의 가나안 정복과 같다. 물론 우리가 직장이나 캠퍼스, 그 외의 사회 영역에 들어갔을 때도 하나님께 영광을 돌리는 예배적 문화를 건설하는 건 너무 어려워 보인다. 그러나 신자는 이런 정황 속에서도 믿음으로 하나씩 정복해 나가야 한다. 가나안 족속들을 하나씩 정복해 가는 이스라엘처럼 말이다. 가나안 족속들은 신체적인 조건뿐 아니라 무기로도 철 병거를 보유했다. 그럼에도 불구하고 이스라엘 백성들이 정복에 성공할 수 있었던 것은 그들의 탁월함이 아니라 하나님을 온전히 예배했기 때문이다. 참된 예배가 문화전쟁의 승리의 원동력이었다.

구체적으로 말하면, 하나님의 영광을 위해서 사는 신자의 모습에서 아름다움을 느끼고 그 문화를 모방하는 자들이 생겨날 때 이것이 전도의 방편이 될 수 있다. 물론 복음 외에 그리스도를 영접할 다른 길은 없다. 그러나 기독교 문화가 아름다움을 물씬 풍기면 사람들이 복음에 긍정적으로 반응하게 된다. 복음을 전할 기회가 문화를 통해 제공된다.

그렇다면 기독교 문화를 형성하기 어려운 환경에서 어떻게 해야 할까? 간혹 신자들은 이런 질문을 한다. "목사님! 제가 어느 직장에 입사했는데, 불신자로 가득한 직장에서 어떻게 기독교 문화를 세울 수 있겠습니까?" 맞는 말이다. 하지만 이런 상황에서 꼭 문화를 먼저 형성하겠다고 고집을 피울 필요는 없다. 신자는 자신의 예배자 된 삶을 살면서 불신 직장 동료들에게 본(아름다움)을 보여야 한다.

전도를 통해서 자신과 같이 신앙고백하는 예배자를 만들어내야 한다.
이 과정을 통해 기독교 문화를 형성하면 된다.

문화전쟁에 승리하는 법

(4) 기도하라

문화전쟁의 승리를 위해서 결코 간과해서는 안 될 요소가 바로 기도다. 문화

전쟁은 영적 전쟁이다. 그러므로 문화전쟁에서 사탄의 거센 저항이나 어려움, 낙심은 당연한 것이다. 이런 상황에서 신자는 이 전쟁이 사람의 힘으로는 할 수 없고 오로지 하나님의 힘으로만 되는 전쟁임을 고백해야 한다. 이 고백이 바로 하나님의 도우심을 구하는 기도다.

기독교 문화는
왕이신 하나님의 통치를 각 영역에 구현하는 일이다.

그러므로 인간의 지혜와 능력만으로는 결코 도무지 완성할 수 없다. 문화전쟁의 승기는 오직 하나님께 있으므로 하나님께 반드시 기도해야 한다.

문화전쟁에 승리하는 법
(5) 예배의 대상을 올바로 이해하라

마지막으로 문화전쟁, 곧 예배 전쟁의 승리를 위해서는 예배의 대상에 대한 참된 이해가 필요하다. 바리새인들의 문제 중 하나는 하나님을 섬긴다고 하면서도 정작 올바른 지식으로 하나님을 섬기지 않았다는 점이다.

오늘날에도 기독교 문화에 대한 불타는 열정이 있지만 근본적으로 하나님에 대한 지식이 매우 결여된 문화사역자들이 너무 많다. 문화가 예배라는 측면에서 보았을 때 이 문화가 과연 성경에 기록된 참되신 하나님을 예배하도록 하는 문화인지 아니면 다른 예수, 다른 영을 섬기는 우상숭배 행위로서의 예배가 되는 것인지 면밀하게 검토하는 신중함이 필요하다. 이것이 없으면 문화는 있을지 모르나, 참된 예배는 실종하게 된다.

기독교와 예술(1)

19
기독교와 예술(1)

예술은 하나님의 영광을 드러내는 강력한 수단이다

프란시스 쉐퍼[Francis A. Schaeffer]는 "철학은 소수에게 영향을 미치지만, 예술은 다수에게 영향을 미친다."라고 했다.[76] 철학은 철학적 용어가 익숙한 지성인에게 주로 영향을 미치지만, 예술은 오감의 자극을 통해 직관적으로 모든 사람에게 영향을 미친다. 그리고 이 자극을 통해 얻어지는 느낌으로 하나의 세계관을 형성한다. 쉐퍼는 이런 점에서 예술의 강력한 영향력을 강조했다.

아브라함 카이퍼[Abraham Kuyper]는 "하나님의 형상을 지닌 자로서 인간은 아름다운 것을 창조하고 또 그것을 즐길 수 있는 가능성을 가지고 있다."라고 말했다.

---

76) 정성구, op. cit., 311.

[77]예술은 예배의 결과로 이해돼야 한다. 사람은 다른 피조물과 달리 하나님을 예배하도록 창조되었기 때문에 예배의 결과인 문화, 곧 예술을 통해 하나님의 영광을 드러낼 수 있다. 카이퍼도 "예술은 인간의 자기 쾌락과 만족을 위해 있는 것이 아니라, 하나님의 영광을 위해 사용돼야 할 것"을 시사했다.[78] 이를테면, 문학, 음악, 미술 등을 통해서 말이다.

사람들은 흔히 예술을 유흥이나 취향을 만족시키기 위한 도구 정도로만 인식한다. 물론 예술에 그런 요소가 있다. 본래 사람은 하나님을 영화롭게 할 때 그로 인해 평화와 기쁨을 누리기 때문이다. 그런데 문제는 사람들이 예술을 자신을 만족시키는 데 초점을 맞추려 하면 결국 우상숭배로 빠진다는 것이다. 예술이 사람의 특정 욕망을 분출하고 숭배하는 수단이 된다. 그래서 사람들이 예술에서 흔히 특정 장르의 마니아가 되는 이유는 거기서 자신의 타락한 본성을 숭배하는 즐거움을 느끼기 때문이다.

간혹 청년들로부터 찬양할 때 락이나 헤비메탈, 랩, 뉴에이지를 사용할 수 있는지를 질문받곤 한다. 그들은 주로 전도를 위한 도구라는 점을 부각하며 이를 합리화시키고 싶어 한다. 그러나 이런 음악의 장르를 사용하면 비록 가사가 하나님의 영광을 다룬다고 해도 장르를 통해 사람을 숭배한다는 점에서 부조화를 이룬다. 한스 로크마꺼Hans Rookmaaker의 지적처럼 "예술에서 기독교성을 결정짓는 것은 주제가 아니고 거기 담긴 정신"이라는 점을 잊지 말아야 한다.[79] 실제로 이런 장르의 찬양을 주로 부르는 이들을 관찰하면 그들은 가사에 집중하기보다 그 장르가 주는 즐거움에 심취하는 경우를 흔히 볼 수 있다. 따라서 예술의 장

77) Ibid., 322.

78) Ibid., 327.

79) Ibid., 334.

르는 설령 사람의 본성과 감정에 거슬린다고 해도 (음악의 경우는) 가사를 온건하게 드러내는지 또 장르의 의도와 목적이 예배에 사용되기에 적절한가를 종합적으로 고려해야 한다.

예술은 찬양하는 대상에 대한 형상화다

예술은 찬양하는 대상에 대한 형상화다. 흔히 형상화를 꼭 시각적 모양이나 이미지를 그리는 것으로 생각하지만 음악도 실은 형상화의 일종이다. 사람은 본성적으로 예술을 통해 무언가를 형상화한다. 그리고 이러한 형상화는 반드시 예배와 연결된다.

서양 음악사에서 바로크baroque 음악까지는 항상 하나님을 높이기 위한 수단으로 인식됐다. 그런데 클래식이라는 고전주의 음악이 등장하면서 이전과는 다른 양상이 전개된다. 베토벤Ludwig van Beethoven이 등장하면서 음악은 더 이상 하나님을 찬양하는 수단이 아니라 인간의 감정과 자연의 아름다움을 찬양하는(형상화하는) 수단으로 전환되기 시작했다. 베토벤의 "전원교향곡"이나 "운명" 같은 교향곡들이 이 사실을 잘 보여준다. 음악이 하나님만이 아니라 인간과 자연을 찬양하는 수단이 될 수 있다는 가능성이 제시되면서 음악의 장르는 점차 인본주의로 기울어지게 되었고 현대 음악에서 하나님을 소외시키는 것은 당연하게 되고 말았다.

오늘날 현대 음악은 하나님을 찬양하는 도구로 음악을 사용할 때 심한 거부감을 느낀다. 오히려 음악으로 사람의 감정, 쾌락, 사상을 노래할 때 그것이 더 자연스럽게 여겨진다. 역사적으로 고전주의가 등장하기 이전과 이후는 이렇게 큰 차이가 있다. 구약에서도 음악은 하나님을 찬양할 때 사용하는 도구로 언급된다. 시편 기자가 말한다. "나팔 소리로 찬양하며 비파와 수금으로 찬양할지어다"(시 150:3). 이처럼 성경도 음악은 하나님을 찬양한다는 도구라는 사실을 분명하게 가르친다.[80]

미술로도 하나님의 영광을 나타낼 수 있다

구약성경은 미술을 통해서도 하나님의 영광을 나타낼 수 있음을 가르친다. 간혹 어떤 사람들은 "어떤 형상도 만들지 말라"는 제2계명을 오해하여 아무 형상도 만들지 말아야 하며 극단적으로는 형상들은 무엇이든 파괴해야만 한다고 생각하는 경우도 있다. 그러나 제2계명이 의미하는 것은 제한적이다. 이 명령은 **오로지 하나님을 시각적으로 형상화하지 말라는 뜻**이다. 도리어 하나님은 성막을 건축하는 데 있어서 모세에게 다양한 형상을 만들도록 하셨다.

성막의 금 촛대는 살구꽃 형상으로, 또 솔로몬 성전에서 물두멍은 열두 마리의 황소 형상으로 만들어졌다. 여기서 열두 마리 황소는 이스라엘 열두 지파를 상징한다. 그러나 하나님께서 광야의 이스라엘 백성이 '금송아지 형상'을 만든 것을 정죄하신 이유는 그것이 하나님을 형상화한 것이었기 때문이다(출 32:8). 구약의 성소와 지성소 사이에는 휘장이 있는데 하나님께서는 그곳에 그룹들의 형상을 수놓도록 명령하셨다. 이는 에덴동산에 들어가는 입구에 화염검을 든 그 그룹을 연상하도록 만들기 위함이다. 이러한 사실은 히브리서 10장 19-20절[81]

---

80) 음악이라는 영어 단어는 "Music"인데, 이는 본래 헬라어 "Muse"에 어원을 둔다. 그리고 여기서 뮤즈(Muse)는 그리스 신화의 신을 지칭한다. 즉 역사적으로 음악은 영적인 의미를 내포하는 것으로 이해했다. 그래서 음악을 통해 하나님을 찬양하는 것은 상당한 유익이고, 음악을 통한 찬양에 대해 교회들은 신중하고 더 많은 연구를 할 필요가 있다.

81) "그러므로 형제들아 우리가 예수의 피를 힘입어 성소에 들어갈 담력을 얻었나니 그 길은 우리를 위하여 휘장 가운데로

말씀을 통해 명확하게 설명되고 있다.

구약의 성막과 성전은 결코 형상을 정죄하지 않을 뿐 아니라 상당히 예술적이었다. 무엇보다 하나님께서 창조하신 모든 피조물의 아름다움을 볼 때 우리는 하나님의 예술성을 분명하게 볼 수 있다. 따라서 사람이 어떤 미술작품을 만드는 행위는 하나님께서 창조하신 피조 세계에 대한 아름다움의 감탄이고, 사람이 그 감탄을 미술이나 음악으로 표현하고자 하는 것은 본능적인 작용이라고 볼 수 있다. 미술 자체는 결단코 잘못되거나 악한 것으로 규정할 수 없다. 그러나 분명한 것은 이 모든 예술 작품의 찬양 대상은 오로지 하나님이어야 한다는 점이다. 피조물은 찬양의 대상이 될 수 없다.

황금 송아지의 죄: 사람을 예배하기 위한 하나님의 형상화

광야의 이스라엘 백성이 황금 송아지를 만든 이유는 그 송아지에 하나님을 투영하기 위함이었다. 그들은 하나님을 형상화하기 위해 황금 송아지를 만든 것이다. 그러므로 그들은 형상을 만들어서 제2계명을 범한 것이 되었다. 해당 구절을 살펴보면 아론은 "..이스라엘아! 이는 너희를 애굽 땅에서 인도하여 낸 너희의 신이로다.."(출 32:4)라고 선포한다. 또 이어서 "..그들이 일찍이 일어나 번제를 드리며 화목제를 드리고 백성이 앉아서 먹고 마시며 일어나서 뛰놀더라."(6절)라고 기록했는데, 여기서 "뛰놀더라"(차아크)라는 단어는 히브리어로 "웃다"를 뜻하는 것으로 이는 이스마엘이 이삭을 비웃는 장면을 묘사할 때 사용됐던 단어이다(창 25:9 참고). 무엇보다 신약에서 바울이 금송아지 사건을 인용하는데 그의 헬라어 표현이 이에 대한 뜻을 더 분명하게 나타낸다.

열어 놓으신 새로운 살 길이요 휘장은 곧 그의 육체니라"

그들 가운데 어떤 사람들과 같이 너희는 우상 숭배하는 자가 되지 말라 기록
된 바 백성이 앉아서 먹고 마시며 일어나서 뛰논다 함과 같으니라 (고전 10:7)

바울은 출애굽기의 "뛰놀다"(차아크)를 헬라어 "놀다"(παίζειν/파이제인)라는 단어
로 표현한다. 정확하게 이 단어는 음악에 맞춰서 어린아이와 같이 춤추거나 흥
청거리며 놀았다는 뜻이다.[82] 금송아지 사건은 하나님의 위대하심과 영광스러
움을 드러내기 위해 예술을 사용한 것이 아니다. 그저 자신들의 즐거움, 유흥,
놀이를 위해 하나님을 명분으로 사용한 것에 불과했다.

타락한 예술은
사람의 유흥과 쾌락을 숭배하기 위한 수단이 될 때 발생한다.

문제는 예술을 통해 형상화를 해도 점점 사람들은 만족하지 못한다는 사실이
다. 사람의 욕망은 끝없다. 그래서 왜곡에 왜곡을 점점 더해가고 결국에는 음란
하거나 기형적인 형상을 띠게 된다. 왜냐하면 사람의 타락한 본성은 거기서 더
큰 희열과 만족을 느끼기 때문이다. 오늘날 현대 예술이 하나님을 예배하는 본
래 목적에서 벗어나 사람의 감정과 쾌락을 숭배하는 수단이 되었기에 점점 음
란해지고 파괴적이며 기형적인 모습으로 변모하는 것이다. 이것이 예배가 사
람들의 타락한 본성을 만족시키는 수단으로 사용되고 있다는 점을 황금 송아지
사건이 잘 보여준다.

---

82) 리델은 이 단어의 뜻을 다음과 같이 나열한다. "아이와 같이 노는 것"(to play like a child), "춤추는 것"(to dance), "게임을
하는 것"(to play [a game]), "악기를 연주하는 것"(to play [on an instrument]). H. G. Liddell, *A lexicon: Abridged from Liddell
and Scott's Greek-English lexicon* (1996), 585.

Q. 목사님! 강의를 듣는 중에 궁금한 점이 생겼습니다. 예배 안에서의 찬양에 대한 부분인데요. 사실 나이 많으신 성도분들과 젊은 청년/청소년들 사이에서 찬양 문제로 갈등이 일어날 때가 종종 있습니다. 찬송가로만 찬양을 해야 한다는 분들도 있고, 반대로 CCM을 더 활성화하자는 의견도 있습니다. 청년들의 문화와 감성에 맞추기 위해서는 찬양도 변화가 필요하다는 생각이 들기도 하는데요. CCM을 어떻게 바라보아야 할까요?

CCM이란 용어는 'Contemporary Christian Music'의 약자다. 굳이 번역한다면 '동시대적인 크리스천 음악'이라고 할 수 있다. 이 용어가 내포하고 있는 것처럼 CCM은 예배를 위해 의도된 음악이 아니다. 말 그대로 동시대 크리스천들을 위한 "유행 음악"이라고 할 수 있다. 그리고 좀 더 나아간다면 동시대 불신자들을 교회 안으로 이끌기 위한 선교적 의도도 내포되어 있다.

그런데 이런 개념을 염두에 두면서 CCM을 생각한다면 자연스럽게 두 가지 질문을 던지게 된다. 첫째는 성도들에게 과연 그 시대에 맞는 "유행 음악"이 필요한가? 하는 것이고, 두 번째는 음악을 선교의 수단으로 사용하는 것이 성경적으로 정당한가 하는 것이다.

먼저 첫 번째 질문에 대해 생각해보자. 성도들이 신앙생활을 위해 시대에 맞는 음악이 필요하다는 것에 대해 어느 정도 납득은 할 수 있다. 그러나 적극적으로 동의하기엔 어렵다. 어느 정도 납득할 수 있다는 것은 각 시대마다 믿음을 이해하는 시대적 "문화 언어"가 있기 때문이다.

시대적 언어는 말과 글에만 있는 것이 아니다. 문화에도 언어가 있다. 우리가 이 언어를 초월해서 살 수 없다. 그러나 각 시대의 "문화 언어"는 우리의 믿음을 이해하기 위해 필요할 수 있지만, 모든 "문화 언어"를 다 받아들일 수는 없다. 사도 바울의 가르침처럼 "너희는 이 세대를 본받지 말고 오직 마음을 새롭게 함으로 변화를 받아 하나님의 선하시고 기뻐하시고 온전하신 뜻이 무엇인지 분별하도록 하라"(롬 12:2)라는 경고를 귀담아들어야 한다. 이 경고를 받아들이기 위해서는 바로 앞 절인 "너희 몸을 하나님이 기뻐하시는 거룩한 산 제물로 드리라 이는 너희가 드릴 영적 예배니라"는 말씀을 염두에 두어야 한다. 이는 시대의 변화 가운데 나타나는 문화 언어는 "하나님께서 기뻐하시는 거룩한 산 제물로 드리라"는 예배 명령 속에서 분별이 가능하다는 것이다. 이 명령을 무시한 상태에서 문화 언어를 무분별하게 수용한다면 우리는 이 세대를 본받고 타락하게 된다.

이런 관점을 염두에 두고 두 번째 질문을 생각해보자. 오늘날 CCM 운동은 소극적으로는 교회 안에 있는 젊은 세대들을 세상으로부터 지켜내고, 적극적으로는 교회 밖의 젊은이들이 교회 안으로 들어오도록 하는 선교 목표를 지향한다. 그 지향점 속에 우려되는 것은 CCM이 교회 안에 들어오는 트로이 목마가 될 가능성이 많다는 점이다. 교회 안에 있는 청년들을 세상으로부터 지켜내고 교회 밖의 젊은이들을 전도하기 위해 세속 장르를 어떤 식으로든 사용한다면, 하나님께 대한 찬양이라는 목마 속에 이 세대의 풍속을 담아 교회 안으로 끌어오는 결과가 된다. 결코 하나님께 대한 찬양이 세상을 성화시키는 효과를 기대할 수 없다.

예를 들어서, 락 음악은 음란함을 강화하기 위한 수단이었고, 메탈 음악은 영혼을 파괴하기 위한 수단이었으며, 데스 메탈은 죽음을 찬양하기 위한 음악이다. 그 외에도 랩이나 힙합은 마약과 같은 환각제의 효력을 극대화하기 위해 사용된 음악이다. 이런 음악에 하나님께 대한 찬양 가사를 사용한다면 곡과 가사가 모순을 일으키며 신앙적 혼돈을 가져오게 된다. 그런데 상당수 사람들은 이런 음악이라도 하나님을 찬양하는 가사를 넣으면 좋은 결과를 얻을 수 있을 것이라고 기대한다. 그 결과는 결코 기대와 다르게 나타났다. 교회에 속한 젊은이들을 지켜내고 선교적 효율성을 얻은 것이 아니다. 도리어 교회의 젊은이들이 세속 음악을 통해 세상을 맛볼 기회를 얻게 됐다.

놀랍게도 이런 발상은 교회가 타락하도록 사용했던 사탄의 고전적 수법이었다. 이는 사탄이 예수님을 미혹하는데도 사용된 수법이다. 사탄은 예수님을 향하여 "만일 내게 엎드려 경배하면 이 모든 것을 네게 주리라"(마 4:9)고 했다. 이 표현을 우리 식으로 바꾸어서 말한다면 '이 세상의 풍속을 받아들이면 이 모든 것을 네게 주리라'고 미혹하는 것과 같다. 이런 사탄의 교묘한 수에 넘어가지 않으려면 로마서의 가르침처럼 "하나님께서 기뻐하시는 거룩한 산 제물로 드리라"라는 명령 속에서 분별했어야 했다. 예수님도 동일하게 대응하셨다. "사탄아 물러가라 기록되었으되 주 너의 하나님께 경배하고 다만 그를 섬기라 하였느니라"(마 4:10).

우리가 CCM을 합당하게 바라보는 가장 핵심적인 문제는 무엇인가? 찬양의 대상이 되시는 하나님께 대한 고려다.

찬양은 내가 만족하기 위한 종교적 수단이 아니다. 찬양을 받으실 대상이신 하나님만 고려돼야 한다. 우리가 좋다고 하더라도 하나님께서 기뻐하지 않으시면 과감히 거부할 수 있어야 한다. 이는 마치 선물하는 사람이 고려해야 하는 것은 내 취향과 만족이 아니라, 선물을 받는 상대방의 취향과 만족이어야 하는 것과 같다. 그런데 오늘날 CCM에서 이런 고려를 찾아보기는 정말 힘들다. 찬양을 받으시는 하나님보다 찬양하는 회중의 취향이 더 고려된다. 시간이 갈수록 이런 고려는 점점 심화되고 있다. 초기보다 점점 더 세속적이고 육신의 본성을 자극하는 것으로 향하고 있다.

이 모습은 출애굽기 32장에 언급된 황금 송아지 사건을 떠올리게 한다. 여기서 이스라엘 백성들은 황금 송아지를 화려하게 만들고 "이스라엘아 이는 너희를 애굽 땅에서 인도하여 낸 너희의 신이로다"(출 32:4)라고 선언한다. 그리고 아침 일찍 일어나 "번제를 드리며 화목제를 드리고 백성이 앉아서 먹고 마시며 일어나서 뛰놀더라"(출 32:6)라고 한다. 이들은 하나님께 대한 고려 없이 자기 방식대로 자기만족적인 종교행위에 심취했다. 그들은 이런 종교행위에 대단히 만족했다. 그러나 그런 종교행위의 이면엔 하나님께 대한 고려가 전혀 없었다. 황금 송아지를 향해서 "예배하며 그것에게 제물을 드리며 이스라엘아 이는 너희를 애굽 땅에서 인도하여 낸 너희 신이라"(출 32:8)고 했지만, 그 예배와 찬양은 오로지 자기감정과 자기만족을 향할 뿐이었다. 그러므로 하나님은 그들이 이렇게 열정적으로 예배했음에도 불구하고 기뻐하시기는커녕 크게 분노하셨다. 하나님은 모세를 향하여 "내가 이 백성을 보니 목이 뻣뻣한 백성이로다 그런즉 내가 하는 대로 두라 내가 그들에게 진노하여 그들을 진멸하고 너를 큰 나라가 되게 하리라"(출 32:9-10)고 하셨다.

오늘날 우리가 CCM을 바라볼 때, 이 말씀을 통한 조명이 절실히 필요하다. 우리가 CCM을 통해서 비록 하나님을 찬양한다고 하지만, 정말로 하나님을 찬양하는 것인지 자문해 볼 필요가 있다. 혹시나 자기감정과 만족을 찬양하고 있는 것은 아닌지 냉정하게 자문해 보아야 한다. 물론 CCM 중에도 간혹 좋은 찬양도 있을 수 있다. 시대의 문화 언어를 담고 있다고 다 부정하는 것은 옳지 않다. 시대의 문화 언어 가운데 찬양을 사용하기에 적당한 길도 있을 수 있다. 그런 찬양이라면 정말 상업성과 대중의 만족보다는 오로지 "하나님의 선하시고 기뻐하시고 온전하신 뜻"만을 고려해 작사되고 작곡된 곡이어야 한다. 물론 이런 찬양을 작사 작곡한다는 것은 매우 힘든 작업일 것이다. 그러나 존귀하신 하나님을 향한 찬양이라면 이 정도의 신중함을 보이는 것이 지나친 것은 아니다.

결론적으로 말하고자 하는 핵심은 CCM이 예배 음악이 아니라 선교적 차원에서 고려된 것이라 하더라도 '찬양'이라는 차원에서 신중한 태도를 견지해야 한다고 주문하고 싶다. CCM이 하나님을 찬양의 대상으로 삼는다면, 어떤 식으로든 찬양을 받으시는 하나님께 대한 고려는 조금도 소홀히 여겨지지 말아야 한다. 대중적으로 인기를 끌고 다수의 사람들이 좋아하며, 내가 만족하고 기뻐했기 때문에 하나님께서도 기뻐하시고 만족할 것이라는 발상은 자칫 출애굽기 32

장의 황금송아지 사건처럼 될 수 있다. 우리는 찬양이 결코 유흥의 수단이 아니라는 점을 잊지 말아야 한다.

그러면 CCM에 대한 대안은 무엇인가? 그것은 신앙의 회복이다. 지루함을 감수하며 찬송가나 시편 찬송만 해야 한다는 것이 아니다. 이것이야말로 위선이 될 수 있다. 우리의 찬양은 반드시 온 마음과 감정과 열정이 담겨 있어야 한다. 그러나 이런 요소들은 타락한 육적 본성이 아니라, 거듭난 영혼의 본성에서 흘러나오는 것이어야 한다.

오늘날 찬양에 대한 논란의 본질은 우리 마음에 하나님을 참되게 찬양하고픈 신앙이 심각하게 결여되어 있다는 점이다. 하나님께 대한 사랑과 경외심 없는 심령들로 하여금 어떤 식으로든 열정적으로 찬양하게 만들어야 한다는 부자연스러움이 문제다. 그 결과 거듭난 영혼이 아닌 육신의 본성이 환호할 수단을 찾게 되는 것이다. 마치 타락한 로마 가톨릭이 종교적 감흥을 위해 성가대와 파이프 오르간과 화려한 스테인드 글라스stained glass와 천정 높은 성당을 추구했던 것과 같은 이치다. 오늘날 기독교는 그 오류를 반복하는 것이다. 귀를 즐겁게 하는 고가高價의 사치스러운 악기, 자극적인 음악과 장르, 화려한 내부 조명이 있어야 한다고 생각한다. 성령으로 거듭나고 하나님의 은혜에 대한 감사가 가득하다면 굳이 이런 것들이 없어도 문제가 되지 않는다.

신앙의 본질을 회복한다면 굳이 이 세대의 풍조를 숨이 차도록 찾을 필요가 없다. 본질을 망각한 이스라엘 백성들에겐 황금 송아지가 눈앞에 있어야 열정적인 예배가 가능했던 것처럼, 오늘날 CCM을 고집하는 사람들에겐 동일한 일이 벌어지고 있는 것처럼 보인다. 찬양의 목적이 자기만족인지, 아니면 진심으로 하나님을 영화롭게 하기 위한 것인지 자문해보자. 그러면 이 문제는 생각보다 쉽게 정리될 것이다.

20

기독교와 예술(2)

20
기독교와 예술(2)

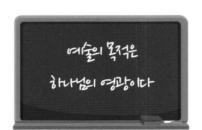

기독교적 관점에서 예술의 목적은 하나님의 영광이다

기독교적 관점에서 예술은 하나님의 영광을 드러내는 것이 목적이다. 바울이 "너희가 먹든지 마시든지 무엇을 하든지 다 하나님의 영광을 위하여 하라"(고전 10:31)라고 말할 때 여기에 예술도 포함된다.

반면 인본주의적 관점에서 예술은 사람의 유흥과 쾌락이 목적이다. 구약성경에서 우상숭배를 언급할 때는 거의 예외 없이 "자기를 위하여"라는 문구를 함께 언급한다(출 32:8; 레 26:1; 신 5:8). 이는 거짓된 예술이 인본주의적 접근(자기를 위한 접근)임을 함의한다.

예술에 대한 접근은 결국 두 가지 양태로 나뉜다.
곧 '하나님의 영광' 혹은 '사람의 영광', 둘 중 하나다.

"하나님의 영광을 위하여"라는 표현은 꼭 종교적인 영역에만 국한되지 않는다. 모든 영역에서의 예술적 활동은 하나님의 거룩하신 속성을 나타냄으로 그분의 영광을 드러낼 수 있다.

예를 들면, 락Rock 음악에서는 싱코페이션syncopation이나 아우프락트Auftakt와 같은 기법들을 과도하게 사용하는데 이는 리듬을 역동적으로 변화시켜 강한 긴장감과 흥분감을 주고 결과적으로 청중들은 콘서트에서 열광적인 분위기에 더욱 몰입하게 된다. 또한 3화음의 원칙을 깨는 서스포sus4 코드도 마치 공중에 떠 있는 듯한 음정을 통해 관중들의 말초 신경을 강하게 자극한다. 따라서 하나님의 영광을 드러내는 곡조는 사람의 욕망을 자극하는 파괴적인 곡조가 아니라 정상적인 리듬과 정확한 화성으로 청중의 마음을 안정시키고 가사의 의미를 묵상하기에 유용하며 하나님의 속성을 잘 드러내는 것이라고 볼 수 있다.

음악이 사람의 욕망과 쾌락을 자극하려는 의도인가 혹은 하나님께 영광과 그분의 뜻에 집중하려는 의도인가, 이 부분에서 기독교적 예술과 인본주의적 예술이 극명하게 나뉘게 된다.

기독교적 예술은 변하지 않는 유행을 추구한다

인본주의적 예술은 언제나 유행에 민감하다. 바울의 "이 세대를 본받지 말고"(롬 12:2)라는 말이 세상에는 언제나 세대에 맞게 변하는 유행이 있음을 암시한다. 유행은 세상 사람들이 집착하는 시대적 흐름을 반영한다.

반면 기독교적 예술은 수시로 변하는 유행보다도 변하지 않는 아름다움을 추구한다. 왜냐하면 신자는 하나님의 변함없는 속성을 나타내는 것을 예술의 목적으로 이해하기 때문이다. 그래서 신자는 수시로 변하는 세속 유행에는 둔감하고 도리어 변함없는 하나의 유행, 기독교적 유행에 가치를 둔다.

오늘날 어떤 이들은 "세상의 유행을 교회가 포용하여 전도의 문을 열자!"라고 외치는데 이는 좋은 방법이 아니다. 오히려 교회가 기독교적 예술로 유행을 형성하고 그 거룩한 유행이 제동장치 없이 파괴돼 가는 세상으로 들어가 제동장치 역할을 해야 한다.

예술^{미학}은 윤리와 밀접하게 연결된다

앞서 도식적으로 언급했듯이 존재론에서 인식론이 나오고 인식론에서 가치론이 나오며 또 가치론은 윤리와 미학으로 구성되는데 여기서 미학이 예술이다. 예술은 대상의 인식에 대한 반응이다.

그런데 여기서 쉽게 빠질 수 있는 오류는 미학과 윤리를 독립적으로 생각하는 경우이다. 인식에 대한 반응으로 미학과 윤리는 완전히 별개가 아니다. 오히려 양자는 원인과 결과처럼 밀접한 연관을 맺으며 함께 동반되는 경향이 있다.

과거 김지하 씨의 <금관의 예수>라는 민중 복음송이 있었다. 이 곡은 언뜻 찬양인 듯하지만 실상 독재 정권에 시위하는 청년들에게 힘을 주는 시위를 위한 민중가요의 역할을 했다. 독재 정권에 대항하는 것이 윤리라는 정서를 형성하는 역할을 했다.

현대 미술의 대가로 알려진 피카소Pablo Picasso는 공산주의자로서 혁명을 위한 몇 점의 그림을 남겼다. 그중 〈게르니카〉(Guernica, 1937)는 당시 스페인 왕당파가 히틀러의 손을 빌려 '게르니카'라는 마을을 폭격하자 공산주의자였던 피카소가 이에 분노하며 그린 작품이다.[83] 또한 〈한국에서의 학살〉(Massacre en Corée, 1951)은 피카소가 왕당파를 피해 프랑스에 체류하는 동안 프랑스 공산당의 의뢰를 받고 그린 것으로 알려져 있다.

출처: 프랑스 국립 박물관 연합(RMN); 네이버 지식백과 재인용.

이 그림은 6.25 전쟁에서 미군들이 한국인들을 세워놓고 학살하는 장면을 묘사하지만, 실제로는 전혀 근거가 없다. 이처럼 피카소의 그림에는 그의 열렬한 이념적 성향이 반영되어 있고, 그 그림을 통해 그가 추구했던 이념적 윤리로 사람들을 선동하려는 의도가 담겨있다.

83) 이 학살이 있기 직전에는 "스페인 내전"(Spanish Civil War, 1936), 곧 기존 왕정을 고수하려는 왕당파와 공산주의 혁명을 일으키려는 공화파 간의 전쟁이 있었다. 그리고 게르니카 폭격은 왕당파였던 프랑코가 독일에 요청하여 일어난 사건이었다. 그래서 공산당원이었던 피카소는 그 학살을 비판하려는 의도로 그림을 그렸던 것이다. 그는 본 작품을 그릴 때, 다음과 같이 말했다. "지금 현재 내가 그리고 있는 장차 '게르니카'라 불리게 될 이 작품과 최근의 다른 작품들 속에서 나는 스페인을 고통과 죽음의 피바다 속으로 몰아넣었던 군부 정치에 대한 증오를 명백히 표현했다." 이 그림의 자세한 해설로는 러셀 마틴, 『게르니카 피카소의 전쟁』 이종인 역 (서울: 무우수, 2004)를 참고하라.

피카소Picasso는 생전에 다음과 같은 말을 했다.

"어떻게 예술가가 다른 사람들에 대해 무관심할 수 있습니까? 냉담한 상아탑
에 갇혀 다른 사람들이 그리도 풍부히 제공하는 삶을 외면하는 것이 가능할까
요? 아닙니다. 어떻게 그것이 가능하겠습니까? 회화는 아파트나 치장하기 위
해 존재하는 것이 아닙니다. 그것은 적과 싸우며 공격과 수비를 행하는 하나
의 전투무기입니다."[84]

피카소 자신도 예술이 윤리를 위한 도구로 쓰일 수 있음을 충분히 인지하고
있었다. 따라서 예술을 그저 육신적 즐거움이나 피로 해소, 혹은 우울한 마음을
달래는 용도로만 생각하는 건 아주 순진한 발상이다. 예술은 분명 궁극적으로
예술가의 목표하는 가치관을 대중에게 전달하고 그 가치관을 특정한 윤리적 방
향으로 이끌어가는 역할을 한다. 왜냐하면 어떤 존재에 대한 인식은 반드시 예
술(미학)과 윤리로 표현되기 때문이다.

기독교적 예술을 창조하려는 노력이 필요하다

그렇다면 과연 사람의 폭력과 성적 충동을 자극하는 의도로 만들어진 락Rock
이라는 장르로 하나님을 영화롭게 할 수 있을까? 환각과 중독을 강화시키기 위
해 만들어진 애시드Acid 음악을 통해 하나님을 영화롭게 할 수 있을까? 예배는
자기 부인이지 자기 취향이 아니다. 그러나 우리는 자신의 취향에 맞춰서 하나

84) 마리 로르 베르나다크, 『피카소』, 최경란 역 (서울: 시공사, 1995), 97.

님을 예배할 수 있는 방법을 찾으려 한다. 이는 바울이 말한 바 '그리스도와 벨리알을 조화'(고후 6:15)시키는 작업이나 다름없다. 마치 빛과 어둠을 함께 하도록 하려는 혼합주의적 사고이다. 차라리 세속의 락, 헤비메탈, 힙합과 같은 장르를 만들고자 했던 그들의 노고만큼 교회도 교회 음악이라는 장르를 새롭게 만들어 내기 위해 해산의 수고를 감내할 필요가 있다. 그저 누군가가 그런 장르를 만들어주길 바랄 뿐 아무도 만들지 않으니까 어쩔 수 없이 "세속의 장르를 소비하겠다!"라는 생각은 사실 부끄러운 일이다. 만일 우리가 진정으로 하나님을 참되게 예배하기를 원한다고 한다면 하나님께서 기뻐하시는 장르에 대한 창조적인 노력이 필요하다.

훌륭한 예술은 내용을 합리화시키고 효과적으로 전달한다

탁월한 예술은 어떤 내용이든지 그것을 합리화시키는 효과를 가져온다. 이것은 예술의 큰 장점이면서 동시에 큰 단점이기도 하다.

예를 들어, 연단에서 아나운서 같은 사람들이 연설을 하면 내용 자체의 시비를 떠나서 그가 사용하는 정확한 표준어, 발성, 표정, 제스처로 인해 신뢰도가 한껏 올라가게 된다. 또한 현대 교회의 예배에서도 내용은 별다른 차이가 없지만 화려한 음향과 조명에 의해 형성된 분위기 등이 마치 더 은혜롭고 좋은 예배라는 인상을 심어준다. 이처럼 예술은 내용을 더 합리화시키고 효과적으로 전달하는 기능을 한다. 오늘날 찬송가를 부를 때도 가사뿐 아니라 곡조와 악기, 음향에도 관심을 가져야 하며 설교에서도 논리학이나 수사학적 기법이 가미되어야 하는 이유가 여기에 있다.

칼빈은 음악은 하나님의 선물이기에 오용되지 않도록 각별히 주의해야 한다고 강조했다. 만약 하나님의 선물이 오용되고 왜곡된다면 그것은 많은 악의 원인이 될 수 있다고 호소했다. 외설적인 노래는 세상을 부패시키는 치명적이며 사단적인 독소를 지니고 있어서 마치 깔때기를 통하여 포도주가 항아리 속으로 부어지듯이 그 독소와 부패가 멜로디에 의해 마음속 깊숙이 침투한다고 하였다.[85] 칼빈의 지적처럼 우리는 하나님의 선물인 예술이 부도덕한 도구로 사용되지 않도록 주의해야 하며 하나님의 뜻에 부합하도록 정당하게 사용할 수 있도록 주의를 기울어야 한다.

---

85) 이승희, "칼빈의 교회음악사상" (정규오 목사 은퇴 기념 논총 '칼빈과 개혁신학'), 384.

21

기독교와 예술(3)

21
기독교와 예술(3)

예술은 하나님의 창조성을 반영한다

쉐퍼Scheaffer는 예술을 하나님의 창조성에 대한 반영으로 이해했다.[86] 예술이 처음에는 모방으로 시작하지만 결국에는 새로운 창조로 나아가게 된다. 물론 엄밀하게 말한다면 하나님께서 완성하신 피조 세계에 새로운 창조는 있을 수 없다. 이 창조는 하나님께서 이미 완성하신 피조 세계에 대한 새로운 해석과 표현을 뜻한다.

예를 들어, '어떤 음악이 헤어진 남녀의 감정을 다룰 때 그 감정을 어떻게 해석하고 또 어떤 음색, 곡조, 가사로 표현할 것인가?' 이러한 해석과 표현에서 예술의 창조성이 나타나는 것이다.

---

86) 프란시스 쉐퍼, 『예술과 성경』, 김진홍 역 (서울: 생명의말씀사, 1962), 33.

예술의 창조성에 관한 예: 렘브란트의 "삼손의 실명"

　네덜란드의 미술가 중 렘브란트^{Rembrandt Harmensz van Rijn}는 개신교 신자이면서도 빛의 화가라고 불릴 만큼 색채와 명암의 표현에 있어서 천재적 재능을 가졌던 인물이다. 그의 작품 몇 점을 해설하면, 먼저 〈삼손의 실명〉[87](The Blinding of Samson, 1636)은 삼손이 들릴라에게 미혹을 당하여 머리카락이 잘렸고 두 눈이 뽑히고 무능해졌다는 사실을 한 폭의 그림으로 전부 표현한다.

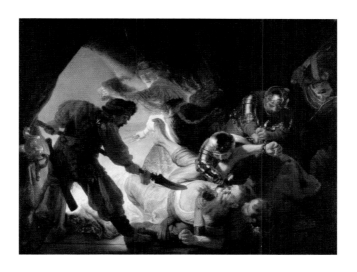

　흥미롭게도 이 그림에는 성경 해석이 반영되어 있다. 들릴라는 머리카락을 잘라서 한 줌을 쥐고 동굴 밖으로 나가는 행동을 취한다. 이는 삼손에게서 하나님의 임재가 떠났음을 넌지시 암시한다. 아울러 그림에는 삼손이 무기력하게 눈을 빼앗기는 모습까지 함께 묘사되어 나실인으로서 거룩함을 잃고 하나님의

---

87) 그림 출처: 네이버 지식백과, https://terms.naver.com/entry.naver?docId=3569219&cid=58862&categoryId=58878 (2022년 1월 8일).

영이 떠난 자의 비참함이 무엇인지를 아주 적나라하게 묘사한다. 또 그림에서 삼손은 발을 독수리처럼 움켜쥐고 있는데, 이는 그리스 신화에서 사슬에 묶인 프로메테우스가 독수리에게 간을 먹히는 모습을 연상케 하면서 삼손이 프로메테우스와 같은 결말을 맞이했음을 나타내는 것이다. 이처럼 렘브란트의 그림에는 하나님의 영이 떠난 삼손의 결말에 관한 성경 해석이 반영되어 있다.

예술은 세계관을 강화한다

쉐퍼Shaeffer는 둘째로 "예술로 표현된 것이 세계관을 더욱 강화한다."라고 주장한다.[88] "나는 당신을 사랑합니다."라는 평범한 진술보다는 그림을 아름답게 그리고 선물을 주면서 "이것이 당신을 사랑하는 나의 마음입니다."라고 고백할 때 더 강력하게 고백을 전달할 수 있다.

나는 우리 아들이 태어나기 하루 전 여덟 시간 동안 공을 들여 장미꽃을 정밀화로 그렸다. 그리고 그 그림을 시와 함께 액자에 담아 아내에게 "애를 낳느라 수고했어요."라는 한 마디와 함께 선물로 주었다. 물론 수고했다는 퉁명스러운 말로도 같은 정보를 전달할 수 있겠지만, 예술을 활용하므로 더 호소력 있고 감동적인 메시지를 전달할 수 있었다.

심지어 성경조차 진리를 설명문처럼 줄줄이 나열식으로 전달하지 않는다. 성경은 하나님의 진리를 전달하기 위해 역사, 산문, 시, 묵시문학, 편지와 같은 다양한 문학적 장르를 사용한다. 또한 구조상으로도 인클루지오Inclusio, 교차 대칭Chiaism과 같은 다양한 기법도 활용한다. 성경도 이렇게 틀림없이 예술을 사용한

88) Ibid., 37.

다. 따라서 오늘날에도 우리가 하나님의 말씀을 전할 때 단순한 정보 전달만을 고수하기보다 예술성을 강화하여 복음을 전달하는 작업에도 관심을 가질 필요가 있다.

예술은 작품 자체로 평가해야 한다

셋째로 쉐퍼Shaeffer는 "예술은 그 작품 자체로 평가해야 한다."라고 주장한다.[89] 어떤 예술가의 작품에 대해 간혹 신자들이 예술가의 종교나 품행에 근거하여 그의 작품을 일방적으로 거부하는 경우가 있지만 쉐퍼는 이런 태도를 반대한다.

극장에서 상영되는 마블 시리즈의 영화들을 보게 되면 반성경적인 내용이 상당히 많이 나온다. 신자는 이런 세속 영화에서 반성경적 내용을 분별할 수 있어야 한다. 그러나 이렇게 작품 안에서 반성경적 내용이 있다고 할지라도 그 외의 시나리오의 탁월한 구성이나 배우의 연기력, 훌륭한 그래픽 등과 같은 탁월한 예술성에 관하여는 높게 평가할 수 있는 태도를 지녀야 한다. 왜냐하면 예술작품 자체가 기독교 세계관에 위배될지라도 기독교 예술에서 활용할 만한 작품의 탁월한 요소들을 발견할 수 있기 때문이다. 다시 말하지만, 세계관을 받아들이라는 의미는 아니다. 세계관은 확실하게 걸러내야 한다. 그러나 예술 자체는 가치중립적이기 때문에 이 부분에서의 탁월함은 수용할 필요가 있다.

예를 들어, 신자도 돈 자체를 나쁘게 여기는 건 아니다. 로마 가톨릭교회는 '성속 이원론'을 따르기 때문에 돈이나 세속의 예술과 같은 것들은 무조건 속되

---

89) Ibid., 37.

게 여기는 경향이 있지만, 개신교는 그것들을 가치중립적으로 이해한다. 가치중립적인 것에 대해서는 탁월한 부분을 분명하게 인정하고 수용할 부분은 수용한다. 그러나 그것이 가진 내용이나 정신에 문제가 있다면 그것을 걸러낼 수 있는 지혜와 성숙함은 필요하다.

이런 태도는 교회 안에서도 마찬가지이다. 오늘날 교회에서 사용되는 여러 예술을 그저 "교회 안에서"라는 이유만으로 "무조건 수용하자"라는 태도는 옳지 못하다. 우리가 하나님 앞에서 살아가는 존재라는 점에서 우리의 예술성이나 전문성이 떨어졌을 때는 공정하게 인정할 수 있어야 하고 부족한 부분에 대해 전문성을 더 강화하는 방법을 배우며 더 발전하는 방향으로 전진해야 한다. 아울러 우리는 성경적 메시지를 더 강하고 효과적으로 전달할 방법도 함께 고민해야 한다. 이 두 가지가 병행될 때에는 기독교가 좀 더 탁월하게 하나님의 영광을 나타내는 결과를 낳을 수 있을 것이다.

예술 작품의 네 가지 평가 기준

넷째로 쉐퍼Shaeffer는 작품의 평가 기준을 네 가지로 제시한다.[90]

첫째, 평가 기준은 '기교의 우수성'이다.

비록 특정 예술가에 대해 큰 반감을 갖는다고 해도 그 작품에 반영된 기교 자체는 인정하는 객관성을 지녀야 한다.

---

90) Ibid., 41.

둘째, 평가 기준은 '타당성'이다.

　예술가가 자신의 세계관에 정직한가 아니면 그저 돈을 위해 예술을 하는가에 관한 문제도 여기에 포함된다. 한 마디로 기교의 우수성이 예술가가 추구하는 정신과 일맥상통하는가의 문제이다. 이러한 둘째 기준에서 실은 현대 CCM의 문제도 드러난다. 왜냐하면 현대 교회 안에 사용되는 여러 음악의 장르는 세속의 정신을 내포함에도 이를 무시하고 가사만을 기독교로 집어넣기 때문이다. 세속의 음악 장르가 그 가사가 나타내는 세계관과 일치하지 않는 부조화를 띤다. 이런 점에서 현대 CCM에는 타당성이 매우 미흡하다. 사실 오늘날 불신자들이 기독교 음악을 인정하지 않는 이유가 이와 관련이 깊다. 상당수 CCM이 불신자가 감각적으로 느낄 때도 타당성이 떨어지는 것이다. 심지어 비전문가조차도 여기에 무언가의 부조화가 있음을 어렴풋이 느낀다.

셋째, 평가 기준은 '예술가의 세계관을 반영하는 내용'이다.

　예술작품은 어떤 형태로든 그 예술가의 세계관을 반영한다. 따라서 신자는 단순히 작품의 아름다움에 도취될 것이 아니라 세계관을 분별할 수 있어야 한다. 세상 사람들은 영화에 대해 "재밌으면 그만 아니야?"라고 말하지만 적어도 기독 신자들은 그렇게 단순히 생각해선 안 된다. 신자는 영화 한 편이 갖는 세계관의 위험성을 인지해야 한다. 물론 예술성 자체는 인정할 수 있겠지만 작품이 갖는 반성경적인 정신을 날카롭게 지적하고 비판할 줄 알아야 한다. 왜냐하면 기독 신자는 오직 성경만을 절대 진리로 믿는 자들이기 때문에 이 진리에 어긋나는 정신에 대해 민감하게 반응할 수 있어야 한다.

넷째, 평가 기준은 "예술가가 전달하려는 메시지에 어울리는 수단이 얼마나 잘 사용되었는가?"이다.

예술가가 전하려는 메시지와 수단이 서로 조화를 이루어야 한다. 기독교 세계관에서는 목적뿐 아니라 수단도 옳아야 한다. 가령, "서울은 어느 쪽으로 가든 도착만 하면 된다."라는 사고는 대표적인 배도와 종교다원주의 논리였다. 어디로 가든지 서울만 가면 되는 게 아니다. 서울에 가더라도 어떤 길로 어떤 과정을 거쳐서 가느냐가 중요하다.

기독교 문학에서 이런 문제를 아주 잘 다룬 대표적인 작품은 존 번연^{John Bunyan}의 천로역정("The Pilgrim's Progress from this world to that which is to come』, 1678)이다. 천로역정은 작품성과 문학성이 모두 뛰어나다. 무엇보다 천로역정의 내용의 핵심은 신자가 천국에 도착하는 일만이 아니라 도착하는 과정도 중요하다는 것이다.

영국의 옥스퍼드 대학교의 학장이자 청교도의 황태자로 불리는 존 오웬^{John Owen}은 영국의 국왕인 찰스에게 "존 번연의 은사들을 가질 수만 있다면 저는 기꺼이 저의 학식을 다 포기할 것입니다."라고 말했다. 그만큼 번연의 작품은 아주 탁월했다. 과거 청교도들이나 여러 신앙의 선배들은 예술성이 뛰어난 작품으로 메시지를 효과적으로 잘 전달했다. 심지어 예술 작품임에도 내용상 신학적인 빈틈을 찾아보기도 힘들며, 예술성 자체에 대해서도 모든 사람이 탁월함을 인정했다. 오늘날 현대 교회들이 천로역정과 같은 탁월한 기독교 문학작품을 만들어내지 못하는 현실을 깊이 반성하며 돌아보아야 한다.

결론적으로 정리하면, 예술이란 찬양하는 대상에 대한 형상화이다. 쉐퍼는 "예술작품은 그 자체로 경배송이 될 수 있다."라고 말했다. 우리가 하나님을 찬양한다면 예술작품에서 하나님의 온전하심, 탁월하심, 지혜로우심, 선하심, 사랑과 같은 이 모든 속성을 선명하게 드러낼 수 있어야 한다. 그리고 이러한 예술에 우리가 전달하려는 복음의 메시지를 충실히 담아내고 그것을 세상을 정복해나가는 수단으로 잘 사용해야 한다. 이것이 우리가 추구할 기독교 예술의 방향과 미래이다.

기독교와 노동(1)

22
기독교와 노동(1)

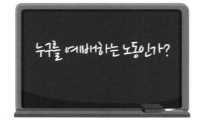

태초의 아담은 노동자였다

오늘날 많은 신자는 노동을 아담의 타락 이후 저주의 결과로 생각한다. 그러나 태초의 에덴동산은 아무런 의무나 책임 없이 사는 장소가 아니었다. 성경을 보면 하나님께서는 아담에게 다음과 같이 명령하셨다. "여호와 하나님이 그 사람을 이끌어 에덴 동산에 두어 그것을 경작하며 지키게 하시고"(창 2:15) 하나님께서는 아담에게 경작(노동)을 명하셨다.[91] 따라서 에덴동산에서의 아담과 하와

---

91) 하나님께서는 아담에게 에덴동산을 '경작하다'(아바드)와 '지키다'(샤마르)를 명하셨는데, 이 단어들은 제사장들이 성막을 지키고, 그곳에서 여호와를 예배할 때도 똑같이 사용된다(민 18:7 참고). 따라서 '경작하다'라는 단어는 "예배하다", "섬기다"로도 번역될 수 있고, 에덴동산을 성소로 이해한다면, 태초에 아담은 그 성소를 지키고, 예배하는 최초의 제사장이다. 에덴-성소를 설명하는 탁월한 논문으로는 Gregory K. Beale, *The Graden Temple, Kerux: The Journal of Northwest Theological Seminary*, 18 (2003): 3-50를 보라.

는 오늘날 백수와 같은 삶을 산 게 아니다. 그들은 기쁘게 자원하는 마음으로 하나님의 말씀을 따라 에덴동산을 경작하고 지키는 노동자였다.

타락 후 노동: 자기 숭배의 수단

그렇다면 지금 우리에게 왜 노동은 고통일까? 근본적인 이유는 인간의 타락으로 온 땅이 저주를 받았을 뿐 아니라 하나님을 예배하는 행위로써의 노동에 흥미를 잃었기 때문이다. 이제는 오히려 자신을 예배하는 의미로 노동할 때만 기쁨을 느끼게 되었다. 타락한 인간은 본능적으로 하나님과 이웃을 위한 노동보다 오직 자신에게 유익이 되는 노동에서 기쁨과 만족을 느낀다. 아니, 게으름 때문에 이런 노동도 싫어하기까지 한다.

그러나 거듭난 성도들은 하나님의 영광을 위해 자원하여 일하기를 기뻐한다. 왜냐하면 그것이 본래 하나님께서 명하신 노동의 순기능이기 때문이다. 성령 안에서 거듭난 자는 완전하지 않아도 이러한 본래 노동의 기쁨을 조금이나마 누릴 수 있다. 반면 거듭나지 않은 자들은 헌신할 명분들, 이를테면 추커세움, 돈, 칭찬, 인정, 축복과 같은 대가를 기대하며 봉사에 참여한다. 노동 자체를 하나님의 영광과 이웃 사랑을 위한 것으로 생각하지 않고 그저 자신의 이익을 위한 방편으로 이용할 뿐이다.

인본주의자들은 노동의 중요한 기능으로 자아 성찰을 주장한다. 그런데 노동에서 자아 성찰의 개념은 본래 헤겔Hegel에게서 나왔다. 흔히 헤겔은 정반합의 변증법으로 많이 알려져 있는데, 그의 정반합이 본래는 자아 성찰하는 방식을 뜻한다.[92] 자아 성찰을 지속하며 궁극적으로 자신을 신격화하기 위해, 자신이

---

92) 로버트 터커, 『칼 마르크스의 철학과 신화』 김정기 역 (서울: 성광문화사, 1987), 93.

신에 도달하기 위해 노동한다는 것이다.

유사한 예로, 오늘날 "공부의 신"(줄여서 공신), "음악의 신", "축구의 신" 등과 같이 자신이 종사하는 분야에 신神이라는 호칭을 붙이는 경우이다. 물론 이런 호칭들이 전혀 종교적인 의도가 없이 한 말이라고 할지라도, 신神이라는 용어를 사용한다는 점과 대중들이 그의 탁월함에 대한 열광을 넘어서 추종하는 현상까지 발생한다는 건 이미 사람을 신격화하는 종교적 현상에 해당한다고 볼 수 있다. 인본주의자의 노동은 이처럼 어떠한 형태로든지 자기 숭배와 자기 신격화를 추구하며 이를 통해 희열과 만족을 느끼고자 한다.

기독교인의 노동
: 하나님과 이웃 사랑의 실천

종교개혁 이후로 하나님을 예배하고자 하는 동기로서의 노동이 본격적으로 등장할 때 최고의 기술자와 노동자들이 수없이 등장하기 시작했다. 단순히 자신의 이윤을 남기기 위해서가 아니라 하나님 앞에서 예배하는 마음으로 노동에 임하기 때문에 노동의 산물들이 훨씬 더 정직하고 온전한 것이다. 그 외의 예술, 정치, 교육 등 모든 분야에서도 마찬가지이다. 그러나 인본주의적 노동, 곧 자신의 이윤, 명예, 성공을 위한 노동은 결과적으로 타인의 시선만을 의식한다. 다른 사람이 볼 수 없거나 쉽게 알 수 없는 부분에 대해서는 불성실하다. 소비자가 손해를 보더라도 자신의 이익을 더 챙기려는 방향으로 흘러간다. 이들은 항상 타인만을 의식할 뿐이다.

기독교적 노동은 타인이 보지 않거나 알 수 없어도
참된 이웃 사랑을 실천하려는 방향으로 나아간다.
왜냐하면 항상 하나님 앞에서 예배적 행위로써의 노동,
곧 신전의식을 품고 일하기 때문이다.

바울도 다음의 구절에서 이러한 노동의 자세를 가르친다.

"종들아 두려워하고 떨며 성실한 마음으로 육체의 상전에게 순종하기를 그리
스도께 하듯 하라 눈가림만 하여 사람을 기쁘게 하는 자처럼 하지 말고 그리
스도의 종들처럼 마음으로 하나님의 뜻을 행하고 기쁜 마음으로 섬기기를 주
께 하듯 하고 사람들에게 하듯 하지 말라."(엡 6:5-7)

기독교 노동과 인본주의 노동의 차이
: 누구를 예배하는 노동인가?

결국 기독교적 노동과 인본주의적 노동을 나누는 중요한 시금석은 '누구를 숭
배하고 사랑할 것인가'에 있다. 정확하게는 노동의 동기가 '하나님의 영광에 있
는가?' 아니면 '자신에게 있는가?'에서 나뉘는 것이다. 자본주의 사회에서 사람
들이 노동을 열심히 하는 이유도 결국에는 자신의 부를 축적하려는 욕망과 연
결된다.[93] 타락한 사람에게 부의 축적이라는 자기 유익의 명분이 없이는 최선을
다하는 노동이 쉽게 산출되지 못한다. 공산주의 체계 안에서 노동의 생산성이

93) 베버(Max Weber)의 프로테스탄트 윤리와 자본주의 사상에서 나오는 개념으로, 인간에게 있는 그 이기심 가운데 하나
는 부의 축적을 통해서 일종의 노동 에너지가 나온다는 개념이다.

유난히 저조한 이유도 여기에 있다. 그들은 아무리 노동해도 그 결실을 온전히 자신의 것으로 만들 수 없다. 그래서 인본주의자들에게 노동은 언제나 부, 명예, 성공, 혹은 자아 성찰의 도구이며 이것은 근본적으로 자기 숭배이다.

기독교와 노동(2)

23
기독교와 노동(2)

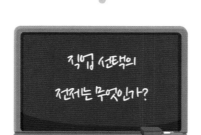

직업 선택의 전제: 나의 기쁨인가? 하나님의 기쁨인가?

　노동을 위한 직업 선택의 전제는 무엇일까? 인본주의자들은 '무엇이 나를 더 숭배할 수 있는 노동인가?'에 관심을 가진다. 오늘날 교회조차도 아이들에게 "네가 좋아하는 직업으로 택하라"라고 가르치는 경우가 많은데 사실 이것은 인본주의적 사고로 직업을 결정하도록 가르치는 것이나 다름없다.

　자기가 좋아하는 직업을 선택하는 건 근본적으로 사람의 타락한 본성과 결부된다. 물론 본인은 극구 부인한다고 해도 스스로 의식하지 못하는 타락한 본성과 잘 맞기 때문에 특정 직업을 선택하기도 한다. 또한 시대적 유행도 직업 선택에 아주 큰 영향을 준다. 예를 들어, 최근 TV보다 스마트폰을 통해 유튜브를 더 많이 시청하자 아이들이 유튜버를 장래 희망으로 꿈꾸는 현상이 대표적이다.

직업 선택에 있어 신자의 자녀조차도 하나님의 영광과 이웃사랑과는 전혀 무관하게 자신의 명예, 수익, 인기 등을 직업의 결정 기준으로 삼는 것이다.

인본주의자들은 직업 선택에 있어서 자신의 본성을 충족시킬 수 있는가에만 초점을 맞춘다. 그래서 어떤 이들은 "어떤 직업이 돈을 많이 버는가?" 혹은 "어떤 직업이 육체적으로나 경제적으로 안정적인가?"를 기준으로 직업들을 찾고, 또 어떤 이들은 "수입이 적더라도 많이 놀고 여행할 수 있는 직업", 혹은 "쉬는 날이 많아서 여기 시간을 확보할 수 있는 직업"을 찾는다. 인본주의자들은 직업에 있어서 근본적으로 자기 숭배, 곧 자신의 편의와 욕망을 추구한다.

반면 신자는 자신이 꼭 좋아하는 일이 아닐지라도 하나님과 이웃이 나를 필요하게 여긴다면 그곳에 관심을 가져야 한다. 신자에게 노동의 전제는 이것이다.

어떻게 하면 하나님께 영광이 되고
어떻게 하면 이웃에게 유익을 끼칠 수 있는가?"

하나님 사랑과 이웃 사랑의 실천이 언제나 노동 또는 직업을 결정하는 동기가 돼야 한다. 그래서 신자의 마음에는 '내가 좋아하는 직업이 무엇일까?'를 고민하는 게 아니라 '하나님께서 나를 어떤 직업으로 부르셨는가?'를 고민하고 하나님의 뜻에 대한 부담감을 가지게 된다.

예를 들어, 대부분의 선교사들은 낯선 외국으로 떠나는 데 큰 부담감을 품는다. 그러나 그들이 모든 편안함과 안전, 안락함을 포기하고 그 길을 가게 되는 이유는 그것을 하나님의 부르심이라고 확신하기 때문이다.

신자의 직업도 이와 유사하다. 하나님의 영광을 위해 나의 헌신과 노동이 필요한 영역이 있다면 봉급이 적으며 사회적으로 알아주지도 않고 안정적이지 않더라도 하나님의 부르심이라는 거룩한 부담감을 안고 그 직업을 선택하는 것이다. 무엇보다 신자가 이런 선택이 가능한 이유는 자신의 유익을 내려놓고 하나님과 이웃 사랑의 실천이라는 사명이 있기 때문이다. 이것은 특정 신자만을 지칭하는 게 아니라 주 안에 있는 모든 신자에게 해당하는 사실이다. 그러므로 신자가 직업, 곧 노동을 선택하는 기준은 단순히 나의 적성에 맞거나 좋아서가 아니라 하나님의 기쁘신 뜻과 그분의 영광에 있는 것이다.

내가 목사라는 이 길을 걷게 되기 전에 과거 나의 본성이 추구했던 직업은 장사였다. 나는 개인적으로 장사를 굉장히 좋아했고 그쪽에 소질이 있다고 생각했다. 그런데 하나님께서는 그 길을 막으셨고 나는 어느덧 목사가 되었다. 시간이 흐른 뒤돌아보니 내가 장사를 잘하는 소질은 장사를 위해서가 아니라 하나님의 말씀을 증거하고 확산시키는 것을 위한 수단이었다. 이처럼 내가 가진 재능이 이것이기 때문에 나는 꼭 이쪽으로 가야만 한다고 생각할 것이 아니라, 그 재능이 하나님께서 기뻐하시는 다른 영역에서도 사용될 수 있음을 염두에 둘 수 있어야 한다.

신자가 반드시 피해야 할 직업은 존재한다

신자의 직업은 하나님의 영광을 위하기 때문에 결국에는 특정 직업을 반드시 피하게 된다. 내가 오래전에 알았던 어떤 자매는 주로 애니메이션 그림을 그리는 일을 했다. 그녀는 주로 주문을 받아서 그림을 그려야 했다. 그런데 문제는 그 주문이 주로 성인물 그림이었다. 사실 이런 경우는 선택의 여지가 없다. 실제로 그림을 그리던 자매는 자신의 영혼이 황폐해짐을 스스로도 느끼고 있었다. 무엇보다 어두운 골방에서 그림을 그리는 작업도 고독한데 하물며 그런 그림을 그리고 있으니 더욱 괴로울 수밖에 없었다. 그뿐만 아니라 그런 그림을 그리는 일은 결과적으로 자신뿐 아니라 그 그림을 보는 독자까지도 죄를 짓게 만드는 결과를 초래한다. 따라서 (그림 그리는 일 자체가 잘못된 건 아니지만) 그런 직업은 신자에게 전혀 적절치 못하다.

성경은 다음과 같은 구절에서 하나님의 백성이 택해야 할 직업과 노동의 범주가 있음을 분명하게 암시한다.

"창기가 번 돈과 개 같은 자의 소득은 어떤 서원하는 일로든지 네 하나님 여호와의 전에 가져오지 말라 이 둘은 다 네 하나님 여호와께 가증한 것임이니라"

(신 23:18)

신자가 꼭 피해야 할 직업의 두 가지 특징

그러면 신자가 택할 수 있는 직업은 무엇일까? 현대 사회의 직업은 너무도 방대하기에 여기서는 두 기준을 간단히 제시한다.

첫째, 신자는 어떤 식으로든지 죄를 조장하는 직업은 받아들일 수 없다.
둘째, 부정직해야만 하는 직업이라면 받아들일 수 없다.

물론 자신의 직장이 개혁할 여지가 있다면 개혁을 시도해볼 수는 있다. 그러나 죄를 조장하거나 부정직해야만 한다는 여건 자체는 결단코 받아들일 수 없다. 사실 기독교인들의 직업의 폭이 좁아지는 건 신학의 문제가 아니라 사회의 문제이다. 사회가 타락하여 직업을 선택하는 폭이 좁아진 것이다. 그러나 신자가 사회를 성화시키고 건전한 직업을 많이 생산할 때 선택의 폭은 더 넓어질 것이다.

그러므로 그리스도인들이 직업을 선택할 때는 그 노동이 반드시 하나님께 영광, 이웃 사랑이라는 이 요건을 충족시키는 방향으로 선택해야 한다. 이것을 충족하는 가운데 내가 좋아하고 내 악한 본성과 취향이 맞기 때문에 직업을 선택하는 것이 아니라 하나님의 부르심, 곧 하나님께서 나를 통해 영광을 받고자 하시는 직업을 택해야 한다. 설령 봉급이 적더라도, 명예롭지 못하더라도, 심지어 고된 노동과 위험이 요구되는 직업이라도 말이다.

24

기독교와 노동(3)

24
기독교와 노동(3)

공산주의의 치명적 문제: 노동 가치의 폭락

오늘날 윤리가 사라진 자본주의의 토양에서 사람들은 마르크스주의Marxism에 쉽게 매료된다. 돈을 많이 번 자본가들이 돈 없는 서민의 노동력을 착취해서 그들의 자본을 축적했다는 마르크스의 주장이 그럴듯하게 들리는 것이다. 특히 윤리가 사라진 사회에서는 실제로 착취와 억압의 사례가 많이 발생하기 때문에 더 설득력이 강하다. 그런데 이렇게 되면 대중에게는 이원론적인 도식이 형성된다. 곧, "부자는 악이고, 약자는 선이다."라는 도식이다.

사실 이 도식은 정말 터무니없는 논리이다. 논리학에 근거해도 "어떤 부자가 악하다."라는 명제는 참일 수 있으나 "모든 부자가 악하다."라는 명제는 무조건 거짓이다.

마르크스주의자들은
어떤 부자의 악함을 모든 부자의 악함으로 일반화한다.

이렇게 되면 어떤 약자의 선함도 모든 약자의 선함으로 자연스럽게 일반화가 된다. 그러면 이제 그들은 "부자들이 약자를 부당하게 억압하여 자본을 모았으므로 그 자본을 빼앗아 모든 사람에게 공유하자."라는 주장을 펼친다. 그래서 부자라는 악의 존재가 없는 평등한 부를 누리는 사회, 곧 공산주의 사회를 꿈꾸게 되고 이 과정에서 사유재산은 자연스럽게 사라진다.

사유재산을 인정하지 않을 경우 노동의 가치는 반드시 폭락한다. 왜냐하면 불신자의 노동에서 핵심 원동력은 이윤이기 때문이다. 사람들은 더 많은 이윤을 위해 온갖 지혜를 짜내며 새로운 기술을 만든다. 그런데 아무리 노동해도 모든 사람이 같은 임금만을 받아야 한다면 누가 열심히 노동하겠는가? 아무리 노력해도 노력하지 않은 자와 똑같이 살고 아무리 공부해도 공부하지 않은 사람과 똑같이 살며 아무리 기술을 탁월하게 연마해도 기술이 없는 자와 같은 대우를 받는다고 한다면 누가 이를 위해 노력하겠는가? 결국 이런 사회에서 노동은 철저히 수동적으로 변하게 된다. 새로운 기술 개발이나 그 외의 발전이라는 현상을 찾아볼 수 없게 된다. 그래서 지금의 공산주의 국가들도 항상 경제는 낙후되고 새로운 개발이 전혀 나타나지 않는 것이다.

얼마 전 인천공항의 비정규직을 일반 정규직으로 전환한 사건이 사회에 큰 이슈였다. 본래 있던 정규직들은 정말 잠 못 자고 비싼 학원비 수강료를 부담하면서까지 열심히 공부하여 그 직업을 얻었다. 그런데 그들보다 노력하지 않은 비정규직들을 똑같은 등급으로 올려놓는 문제 때문에 논란이 일어난 것이다. 당시 어느 기사에 공개된 바에 따르면 어떤 정규직 직원이 단톡방에 이런 글을 적었다고 한다.

"이제까지 왜 이렇게 노력했지?
우리는 그럼 뭐가 된 거야?"

그러니까 다른 사람이 이렇게 답을 했다.

"누가 공부하라고 했어?"

사회주의 혹은 공산주의 국가는 열심히 노력하거나 연구한 사람들을 바보로 만든다. 그래서 사회는 더 낙후되고 점점 가난한 사회가 되고 만다. 실제로 본격적인 공산주의로 돌입하기 전에는 잘 살았으나 이후에 급격히 낙후된 나라들이 많다. 베네수엘라나 아르헨티나가 대표적인 예이다. 이런 나라들이 이렇게 몰락한 이유는 노력에 대한 대가가 개인에게 주어지지 않고 국가에 의해서 다 공유되어 개인의 노력을 무용하게 여기는 현상이 발생하기 때문이다.

"요람에서 무덤까지"의 복지는 해답이 아니다

유럽에는 "요람에서 무덤까지"의 복지를 제공하는 나라들이 있다. 간혹 사람들은 그런 복지국가를 무척이나 부러워하지만 그 이면에는 부정적인 측면도 분명 존재한다. 한 가지 예로, 탁월한 복지국가의 시민들은 좀처럼 대학에 가지 않는다. 심지어 학비의 상당수를 국가가 부담해도 말이다. 왜냐하면 그렇게까지 공부한다고 해도 그들에게는 별다른 유익이 없기 때문이다.

결국 근본적인 문제의 원인은
노동에 있어서 기독교 윤리 정신의 부재이다.

이것이 없이는 반드시 전통적 자본주의로 회귀하게 된다. 착취와 억압으로 가난한 자들을 짓밟는 행위에서 벗어날 수 없게 된다. 그렇다고 해서 공산주의가 성경적이라고 말하는 것은 매우 심각한 오류이다. 성경은 이를 분명하게 반대한다. 예수님께서는 다음과 같이 말씀하셨다.

"가난한 자들은 항상 너희와 함께 있으니 아무 때라도 원하는 대로 도울 수 있거니와.."(막 14:7) 마르크스주의나 해방신학에서는 가난한 자를 아예 없애려고 한다. 그러나 예수님께서는 가난한 자가 항상 존재할 것이라고 말씀하신다. 이 말씀은 가난한 자들에 대한 의무를 함의한다. 하나님께서 부유한 자들에게 부유함을 주시는 이유는, 곧 가난한 자들을 돕도록 하기 위함이다.

분배의 참된 주체는 국가가 아니라 성령님이시다

오순절 성령강림 이후 초대 교회에는 유무상통有無相通의 현상이 일어났다(행 4:32 참고). 부유한 자들이 자신의 물질을 성령님의 감동으로 자원하여 분배하게 하셨던 것이다. 공산주의 사회에서는 분배의 주체가 국가다. 그러나 기독교 윤리에서 분배의 주체는 성령님이시다. 성령님께서는 부유한 자들이나 지식을 많이 가진 자들, 재능을 많이 가진 자들이 그 모든 것을 자신이 아닌 하나님의 영광과 이웃 사랑을 위해 사용하도록 하셨다. 그래서 기독교 세계관에서 노동은 언제나 이웃 사랑과 연결되므로 노동을 통해서 얻은 사유재산은 이웃과 나눔으로써 평균케 한다는 결과에 도달하게 된다. 기독교 윤리에서 이 노동의 참된 목적은 이윤이 아니라 하나님의 영광과 이웃 사랑이다.

이 목적이 분명하면 노동은 쉽게 타락하지 않는다. 노동이 타락하는 원인은 언제나 자신의 욕심과 이기심을 충족시키려 할 때다. 자신의 욕망과 이기심을 위해 편법에 들어가고, 속임수와 요령을 피우는 불성실함이 발생하는 것이다. 그렇게 되면 결과적으로는 물건의 질이 아주 떨어지게 된다. 그러나 그리스도인들은 노동을 항상 하나님의 영광과 이웃 사랑에 초점을 두기 때문에 성실하고 정직하다. 또 음식을 만들 때에도 안전과 건강에 신경을 써서 만든다. 이처럼 모든 사람의 유익을 추구하는 것이 기독교적인 노동이다.

기독교적 노동은 노동의 결과로 얻은 이윤을 사익이 아닌
하나님의 뜻대로 다시 나누어주어야 한다는 사고를 갖는다.

그래서 칼빈은 제네바 시민에게 "나는 이웃을 위해 이 재산을 하나님으로부터 받았다."라고 귀에 못이 박히도록 말했다. 즉, 국가에 의한 분배가 아니라 사랑의 마음으로 자발적인 나눔을 추구하는 것이다. 그래서 선진국은 자본주의가 들어갔음에도 "사회 기부"가 흔하게 일어나는데, 이는 기독교 윤리가 자본주의에 밑바탕으로 깔려있기 때문이다.

노동 없는 이윤의 추구는 죄악이다

노동이 하나님 사랑과 이웃 사랑의 실천이라면 논리적으로 노동하지 않는 것은 하나님을 예배하지 않고 이웃을 사랑하지 않겠다는 뜻이 되어버린다. 그래서 바울도 "누구든지 일하기 싫어하거든 먹지도 말게 하라"(살후 3:10)라고 말할 정도로 노동을 강조했다. 게으름은 하나님 사랑과 이웃 사랑을 거부하는 사람의 저항이다. 그래서 청교도들은 모든 악의 뿌리가 게으름에 있다고 말했다.

오늘날 게으르면서도 형통한 삶, 사람들이 점점 적은 노동을 하면서 부자가 되는 방식을 고민한다. 심지어 정치가들조차 그런 공약을 내세우곤 한다. 그러나 적은 노동은 결단코 복이 아니다. 적은 노동을 하면서 많은 돈을 벌려는 대다수는 그 돈으로 방탕한 삶을 추구하려는 의도를 품었다. 이런 사고의 가장 극단적인 예가 도박이다. 도박꾼들은 노력과 시간을 들이는 노동을 거부하고 손쉽게 돈을 벌고자 한다. 그러나 일하지 않고 부를 쌓으려는 것은 하나님에 대한 반항이고 이웃에 대한 사랑의 거부이다. 기독교 신앙에서는 도박과 같은 모든 요행을 정죄한다.

참된 기독교적 노동: 하나님께 영광과 이웃 사랑의 실천

참된 기독교적 노동은 이윤의 양보다, 하나님의 영광과 이웃 사랑의 실천에 기준을 잡는다. 이것이 그리스도인들이 가져야 할 노동과 윤리의 상관관계이다. 이런 기독교 윤리가 자본주의에 깊숙이 자리 잡으면 자본주의의 타락을 막아준다. 만일 기독교 윤리가 밑바탕에 깔리지 않은 채로 이윤만을 극대화하는 노동관이 자리를 잡으면, 거기에는 폭력과 거짓, 속임수, 살인, 음란 같은 온갖 죄악이 판을 치게 된다.

모든 노동은 하나님께 영광, 이웃 사랑이 목적이다. 그리고 이 목적이 사회 전체로 보편화될 때 선진사회로 도약할 수 있다. 역사 속에서 유럽과 미국의 문명이 이 사실을 잘 보여주지 않는가?

마치는 글

기독교 세계관을 허물기 위한 세상의 문화

근래 할리우드 영화의 주제는 우연이라 하기엔 너무도 일관성 있게 B.C. 6세기 탈레스^{Thales} 이전의 흐름을 조명하고 있습니다. 탈레스 이전의 흐름이란 자연 만물과 현상을 인격화 했던 호메로스^{Homeros}와 그의 서사시 일리아드^{Illiad}에서 나타난 미신과 신화의 세계관을 말합니다.

최근에 상영됐던 이터널스(Eternals, 2021)와 같은 영화는 이런 할리우드의 세계관 흐름을 잘 보여줍니다. 이터널스에 등장하는 주인공들은 대부분 고대 신화의 인물들입니다. 길가메시는 메소포타미아 문명의 신화를, 이카루스와 테나와 키르케와 헤파이스토스와 일리아드^{Illiad}에 나오는 아이젝과 크로노스는 그리스 로마 신화를 배경으로 합니다. 여기서 셀레스티얼은 창조자로 등장하고 거기에 데비안츠와 이터널스와 인간이 피조물로 설정됩니다.

이 영화의 세계관 속엔 진화론 변증가로 유명한 리처드 도킨스^{Clinton Richard}

Dawkins의 "이기적인 유전자The Selfish Gene" 개념이 내포되어 있습니다. 이렇게 할리우드는 이방 고대 신화를 새로운 방식으로 가공하여 기독교 세계관을 허물기위한 강력한 도구로 사용하고 있습니다. 이 시점에서 우리는 다시 기독교 세계관의 중요성을 돌아보아야 합니다.

작금의 시대는 기독교 세계관이 다신교적이고 신화적인 이방 종교 세계관의 십자포화十字砲火 속에 노출된 현실에 직면한 상황입니다. 이 공격은 기독교가 선물한 문명과 풍요와 평화를 다시 야만의 시대로 되돌리려는 시도라고 볼 수 있습니다.

세계관 전쟁 속에서의 그리스도인

뒤돌아본다면 오늘날 개화된 문명은 종교개혁으로 대표되는 기독교 세계관의 결과였습니다. 기독교 세계관이 오늘날과 같은 찬란한 문명을 가능하게 한 것입니다. 왜냐하면 종교개혁의 세계관이 역사에 등장하기 이전에는 그 어느 시대도 오늘날과 같은 문명과 풍요와 정치와 개인의 인권 존중은 존재한 적이 없었기 때문입니다. 그럼에도 불구하고 이 타락한 시대는 미신과 신화의 세계관으로 돌아가야 한다는 강력한 시그널Signal을 계속 송신하고 있습니다. 역사가 교훈하는 것처럼 B.C. 6세기 이전의 미신과 신화시대는 '야만 시대'였음이 입증되었음에도 불구하고 말입니다.

이 당시를 다시 되돌아봅시다. 이 시대의 풍요와 문명은 소수 권력자들만의 풍요와 문명이었습니다. 그 외 다수는 문명과 양식의 영역에서 소수 권력자들에게 약탈과 노예의 삶을 살아야 했고 기근은 그들의 일상이었습니다. 여기에 약자와 여자와 개인의 인권은 결코 존중되지 않았습니다. 미신과 신화의 시대로 돌아가는 것이 얼마나 비참한 결과를 낳게 될 것인지는 굳이 상상할 필요도 없습니다. 북한의 김일성, 김정일, 김정은 체제가 그 실체를 현실로 적나라하게 보여주고 있기 때문입니다. 북한의 김 씨 체제는 미신과 신화로 가득합니다. 여기엔 어떤 풍요나 문명, 자유, 인권도 기대할 수 없습니다. 야만과 비참으로 가득할 뿐입니다.

애석하게도 우리가 사는 이 시대는 전 세계적으로 기독교 문명을 거부하고 야만으로 가야 한다는 거대한 흐름 속에 있습니다. 코로나19 사태가 보여주고 있는 것처럼 전 세계는 원칙도, 상식도, 개인의 권리와 자유와 인권도 존중되지 못하는 야만으로 그 실체를 드러냈습니다. 누군가 말했던 것처럼 전 세계는 한 번도 경험해보지 못한 시대, 기독교가 가져다준 문명과 세계관이 철저히 무시되는 뉴 노멀New normal 시대를 살고 있습니다. 뉴 노멀은 결코 새로운 것이 아니며 결코 표준도 될 수 없습니다. 왜냐하면 해 아래 새것이 없기 때문에 새로운 것이라 할 수 없고, 표준이라 하는 것들도 하나님의 창조 원리를 철저히 경멸하는 세계관에서 출발하기 때문입니다.

피흘리기를 주저하지 않는 군사가 되기를

이런 혼란의 시대에 이 작은 책이 어두운 시대를 살아가는 기독교인들에게 조금이나마 힘을 주는 무기가 되길 소망합니다. 서론에서 언급했던 것처럼 필자의 강의와 책으로 세상의 빛을 보게 된 이 세계관은 단순히 지적인 호기심을 채우기 위한 결과물이 아니었습니다. 부족하지만 정말로 진리를 따라 살고픈 목마름의 결과였습니다. 이 심정이 이 책의 독자들에게 그대로 전달되기 바랍니다. 그래서 이 책을 읽은 독자들이 지적이고 세련된 기독교인이 되기보다 영적 야성을 회복하여 전쟁터에서 피 흘리기를 주저하지 않는 군사로 만들어지길 소망합니다.

분명히 기억해야 할 점이 있습니다. 그것은 우리의 싸움은 지성과 논리의 육적 싸움이기보다 지성과 논리를 통한 영적 싸움이라는 사실입니다. 그러므로 사도 바울의 말을 다시 묵상하며 나가는 글의 마침표로 삼고자 합니다.

"우리의 씨름은 혈과 육을 상대하는 것이 아니요 통치자들과 권세들과 이 어둠의
세상 주관자들과 하늘에 있는 악의 영들을 상대함이라"(엡 6:12)

카도쉬 아카데미는
다양한 성경적 프로그램 연구 / 개발 / 강사 양성 / 미디언 콘텐츠를 통해
성경적 가치관을 형성하고
하나님의 거룩한 영역이 세상 가운데 확장되도록 사역하고 있습니다.

홈페이지 http://kadosh.co.kr
유튜브 〈 카도쉬TV 〉
강의 문의 032-343-4882 / 010-2716-9447